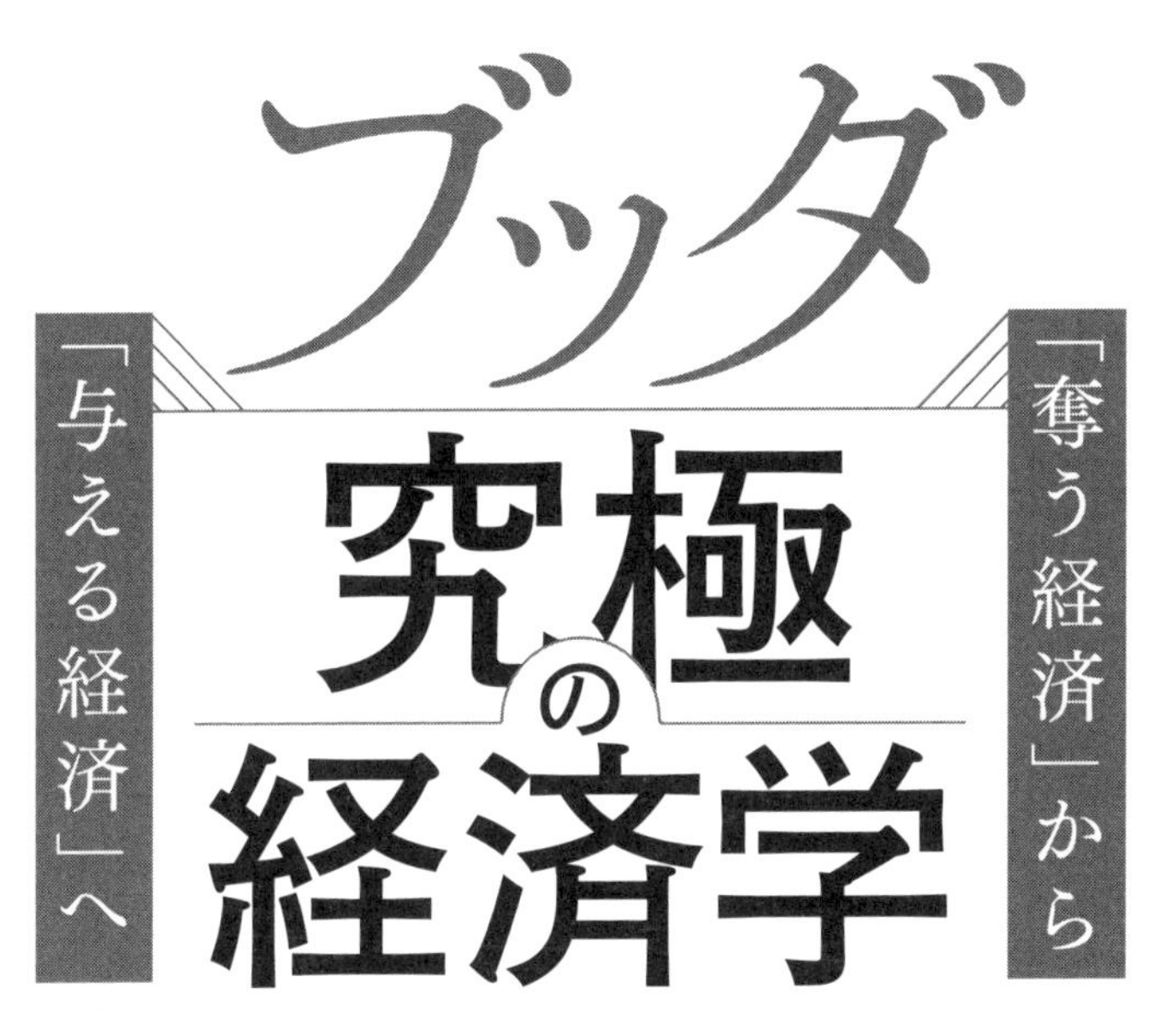

松永修岳著

かざひの文庫

はじめに
～今なぜブッダの経済学が必要なのか？～

「ダルマ」とはブッダ究極の成功哲学

皆さんは、ブッダ（仏陀）の教えである「ダルマ（仏法）」をご存じでしょうか？

「〝ダルマ〟という言葉は聞いたことがあるけれど、内容まではよく知らない」という方も多いのではないでしょうか。

私の著書（『ブッダ究極の成功哲学―君は「ダルマ」を知らずに生きるのか―』『ブッダ究極の成功哲学Ⅱ』）をお読みいただいた方は、ある程度「ダルマとは何か？」についてご理解いただき、ブッダの説いた絶対的真理「ダルマ」について学ばれていることと思います。

本書『ブッダ究極の経済学』をお読みいただくにあたって、本書で初めて「ダルマ」に触れられる方のために、ブッダ究極の成功哲学である「ダルマ」について、ここで簡単にご説明しておきたいと思います。

すでに「ダルマ」について学ばれている方も、より深く「ダルマ」を理解し認識するために、もう一度復習のつもりでお読みください。

「ダルマ（仏法）」とは、「悟りを開いたブッダ（仏陀）の教え」のことで、ブッダの悟った絶対かつ普遍の真理です。

ブッダが語ったことにもとづいているのが「ダルマ」であり、ダルマにもとづいている教えが「本当の仏教」です。

しかしブッダが語ったことではない教えも、現在は総じて「仏教」と呼ばれています。

『この世はすべてカルマと徳分の法則でできている』

これがダルマが教える真理『カルマと徳分の法則』です。

カルマとは「悪い」行為のこと。徳分とは「善い」行為のこと。

「善い行為は善い行為」として、「悪い行為は悪い行為」として、過去の自分の行いが現在・未来の自分に返ってくる。

それが『カルマと徳分の法則』にもとづく「自業自得」であり「因果応報」。

その根本には、自分の行為がどういう行為なのか、つまり善い行為なのか、悪い行為なのか、そのことが関係しています。

この「善い行為」「悪い行為」は、人間の常識や道徳は基準になりません。

どちらも神々から見た「善い」「悪い」が基準となります。

たとえ人間の常識や道徳の規準では「善い行為」であったとしても、神々基準であるダルマから見れば「悪い行為」つまり「カルマ」になることもあります。

その基準、判断の軸となるものが「ダルマ」です。

ダルマの教えのもう一つの中心的な真理が『輪廻転生』。

『すべての魂ある生命は輪廻転生の輪の中にいる』

すべての魂ある生命は〝生まれ変わる〟ということ。

生まれては死に、死んではまた生まれ変わることを繰り返す。

これが『輪廻転生』。

輪廻転生は人間だけではありません。

人間を含めたすべての生きとし生けるものは、生まれたり死んだり、生き死にを何回も繰り返しているのです。

「過去の自分の行いが現在・未来の自分に返ってくる」という因果応報も、過去の自分の行いが近い将来の自分に返ってくるというだけでなく、今世（今生きている）の自分の行いが次に生まれ変わった来世の自分に返ってくることもあれば、過去世（生まれ変わる前）の自分の行いが生まれ変わった今世の自分に返ってくることもあります。

良い人生を生きたければ、できるだけ「カルマ」をつくらないように「悪い行為をしない」こと。

できるだけ「徳分」を積むために「善い行為をする」こと。

この2つが重要になります。

そして「善い」「悪い」の基準となっている、生きるための軸となるのが、ブッダの真理である「ダルマ」なのです。

経済最優先の社会は人を幸せにしない

本書ではブッダの教えであるダルマの中でも、特にブッダの経済学（ダルマ経済の法則）について取り上げています。

なぜダルマの法則の中でも経済なのか。

ブッダは人が幸せに生きるための原則として次の4つを挙げています。

「健康であること」

「経済的生活の安定」

「善い人間関係」

「カルマをつくらず、徳を積みながら生きていくこと」


この４つの原則の中にもあるように、「経済」は人が幸せに生きるために必要不可欠なものです。


現実的に考えても、人が生活していくためにはどうしてもお金が必要になります。

そのお金を得るためには、誰もが皆仕事をしなければなりません。

つまり私たちが生きるうえにおいて、私たちと経済とは切っても切れない縁にあるということ。

それが現代社会です。

ではここで現在の社会に目を向けてみましょう。

今の世の中は、すべてが経済最優先です。

どの国も経済最優先の政策ばかり行っています。

しかし経済が成長したことで犯罪が減ったのでしょうか？

戦争はなくなったのでしょうか？

幸福な人が増えているのでしょうか？

経済最優先にした結果どうなったかというと、皮肉なことに多くの人々は貧困に直面し、殺人や強盗といった犯罪が増えていく一方です。

つまり経済最優先にすればするほど精神が病んでいく。

お金のためには何でもする世の中。

人の物を盗んだり、人を騙してお金を奪ったり、人を殺したり。

お金をより多く得るために、健康を無視して病気になっても死ぬまで働き続ける。

働きすぎて夫が病気になったり過労死したり、経済のために家族が犠牲になる。

そうしたことは幸せなことでしょうか。

これらはすべて経済最優先によって起こっている悲しい出来事です。

今の経済最優先の社会に奴隷のように鎖で繋がれているのが現在の経済の仕組みなのです。

経済最優先の社会の下では、経済的繁栄は人を決して幸せにはしないのです。

ブッダの経済学はダルマにもとづく〝幸福経済〟

なぜそのような不幸な社会ができたのでしょうか。

それは経済に対する考え方が間違っているから。

ブッダの目指す社会は、人々が幸福感を感じられる社会。

幸福を感じられる社会をつくる経済こそブッダが目指す経済。

そのためにはお金や物といった物質的な資産ではなく、信用や信頼や愛といった〝目に見えない資産〟を重視する精神優先の経済社会になることが必要です。

人々が助け合う、支え合うような経済社会をつくる必要性があります。

しかし今の経済は逆の方向を向いている。

心が崩壊していくような経済社会は、どこにも幸せなどありません。

誰も本当の幸せになれません。

ただ欲望が満たされたときに嬉しいと思うだけ。

欲望が満たされなければ不幸と感じてしまう。

今の物質主義経済は不幸であり続ける社会をつくっているのです。

ブッダが幸せに生きるための原則として「経済的生活の安定」を挙げているように、人間の根本的な幸福というものは経済に関係しています。

そのためには幸福を感じられる経済、幸福な社会をつくる〝幸福経済〟でなければなりません。

ダルマに則った正しい行為を行う徳分の大きい人が豊かになるのが正しい経済。

それがダルマにもとづく幸福経済。

本書でダルマを学び、ブッダの経済学を実践することで、誰もがこれからの人生をより良く生きることができるようになります。

世の中は今、経済情勢も社会情勢も大激動の時代を迎えています。人間も社会も世界も変わり目を迎えている今、自分の未来を変えるためにダルマを学んでください。

ブッダの経済学を軸に仕事やビジネスに取り組んでください。

本当のことを知り、正しい行為を行うことで、仕事やビジネスでより良い成果を挙げ、あなたを真の成功者へと導いてくれることでしょう。

ダルマを正しく理解し実践することで、自分の未来が変わり、充実した生き方ができるようになるのです。

2025年・仏暦2568年1月吉日　阿闍梨　松永修岳

目次

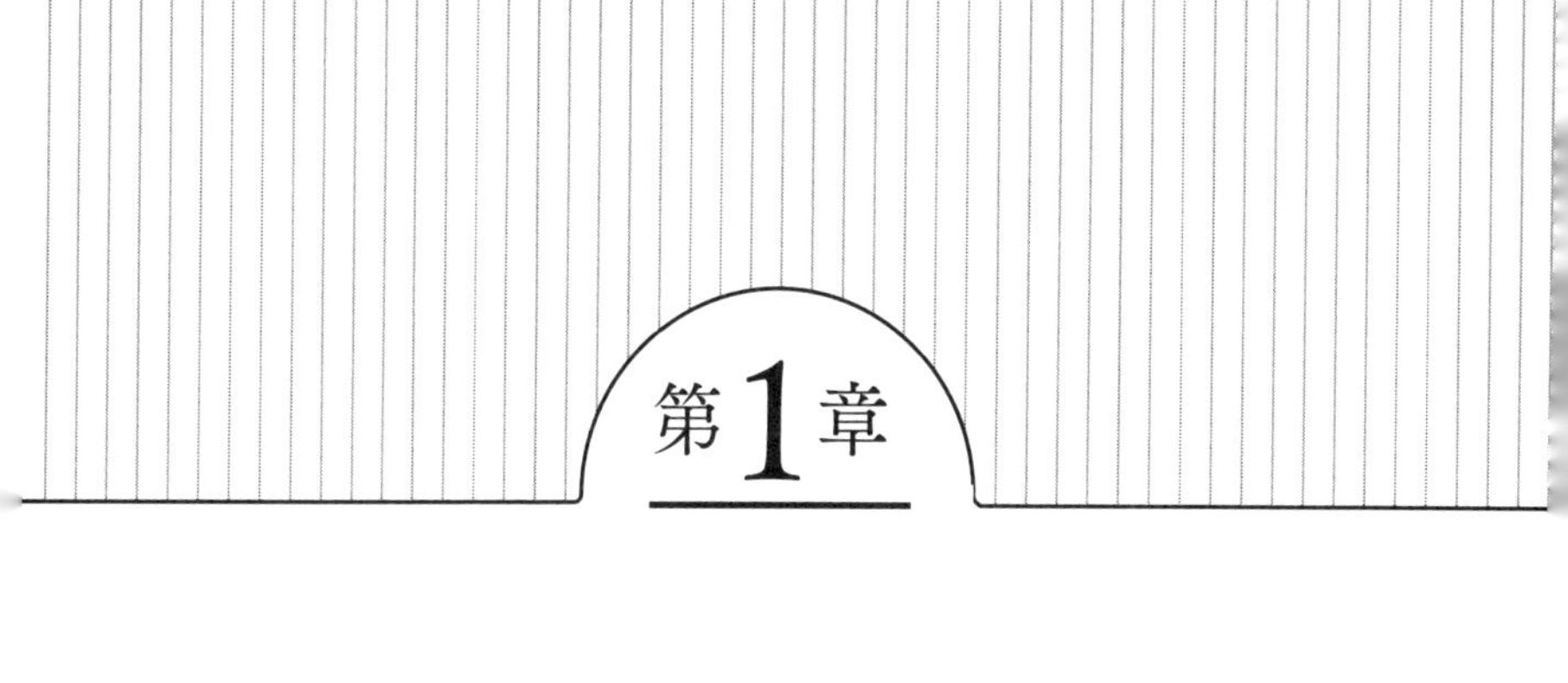

第1章

ブッダの目指す徳分経済

欲望追求の〝奪う経済〟から〝与える経済〟へ「経済を使って徳分をつくる」ブッダの経済思考

Q. “ブッダが目指す経済とは、どのような経済でしょうか？”

ブッダの経済についてお話しする前に、まずは現在の経済について考えてみましょう。

現在の経済の仕組みである「金融資本主義経済」は、どこまでも発展成長し続けることを前提としています。

人より多くのお金を得るために仕事やビジネスをするのが、今の金融資本主義経済。

つまり現在の経済は、テイクするため、より多く獲得するための経済。

もっといえば「より多くのものを奪うため」に行っている経済です。

――〝獲得するための経済〟ということは、より多く獲得した人が経済的な成功者ということですか？

金融資本主義経済では、よりたくさん資本を持っている人、つまりより多く獲得した人が〝成功者〟だとされている社会です。

――より多く獲得することで経済的に成功し、幸福になれる社会ということですね？

しかし資本をたくさん持っている人、お金をたくさん持っている〝成功者〟と呼ばれる人たちが幸福な人生かというと、決してそうではありません。

むしろ裕福な人のほうが、悩みが多いケースも多いものです。

――確かに遺産相続を巡るトラブルや親族同士の骨肉の争いなどの揉め事もよく聞きます。

裕福な人はお金にまつわるトラブルやお金で解決できない悩みや不安を抱え、お金のない人はお金の悩みや不安を抱えている。

お金があろうがなかろうが、何かしらの悩みや不安を抱えている。

今の世の中は、幸福であるとはいえない人が多いのです。

誰もが幸福を感じられない経済が、果たして正しい経済なのでしょうか。

――現在の金融資本主義経済が正しい経済でないとすると、正しい経済とはどういう経済でしょうか？

そもそも「経済とは何か」ということです。

「経済」の本来の意味は「経世済民」です。

――「経世済民」とはどういう意味でしょう？

「経世」とは「世の中が平和に治まる」こと。

「済民」とは「民衆を助ける」こと。

つまり「世の中が平和に治まって人々が救われる」ことが、本来の経済の意味です。

しかし現在の金融資本主義経済は、一部の人間だけが豊かになる経済。

もっともっと豊かになろうと、どこまでも利益を追い求める「欲望追求の経済」。

これは本来の「経世済民」からかけ離れています。

――確かに現在の経済は世の中が平和に治まるどころか、戦争や犯罪で乱れています。

現在の経済は、単にお金を儲けるためだけの〝欲望〟を原動力として成り立っている経済。欲望がベースにあるということは、経済自体がカルマをつくっていくということです。

――経済自体がカルマをつくっていく世の中なのですか。

精神をなくして物質を優先するのが、今の経済。

経済発展するということは、物（物質）を追いかけるということ。

お金儲けだけを追求する人々がつくる経済は修羅場です。

経済優先の物質主義の社会では経済発展はしますが、経済成長すればするほど、経済優先すればするほど、苦しみをつくり出し、人間の精神が崩壊していきます。

そのような経済では、決して幸福な社会にはなりません。

――つまり現在の経済は物質優先のカルマ経済で、経済が発展すればするほど人々は不幸になるということですね。

たとえ生活が便利になっても、世の中の人たちが幸福にならなければ、経済が成長しても何の意味もありません。

経済活動によって、いかに幸福になるか。いかに充実した人生になるか。

人間が成長し、幸福感を感じられるような経済活動をすることが重要なのです。

――ブッダの説く経済はどのような経済なのですか？

現在の経済が、欲望優先の「奪う経済」であるならば、ブッダの教える経済は「与える経済」。

金融資本主義という欲望追求の経済に対して、人の信用にもとづく「信用資本主義」の経済です。

――「信用資本主義」とは、どういう経済ですか？

お金が中心ではなく、〝人の信用が中心となる〟経済です。

今までの経済は、お金や物という物質的なものによって価値が定められてきた経済でした。

ブッダの経済では、その人の〝信用〟が重要になります。

お金や資産などの〝物〟ではなく、信頼、信用、絆、愛、徳分、思いやりといった、その人自身が持っている人間的な価値。

お金や物という〝見える資産〟より、精神的なものに価値を見出す経済。

つまり〝見えない資産〟である徳分にもとづいた経済が、ブッダの目指す「信用資本主義経済」です。


――「見えない資産」とは、どのようなものですか？


〝人からの信用や信頼〟〝人との絆や愛〟〝親切心や慈悲心〟といった、目に見えない価値あるもののこと。

つまりブッダの目指す経済とは、お金や物が豊かさの基準ではなく、〝見えない資産〟が豊かさの基準となる精神を優先する経済。

お金がたくさんある人が成功者ではなく、精神的に豊かな人が成功者。

幸福な生き方をしている人が、人生の成功者になる経済です。

――精神的に豊かになるためには、どうすればいいのでしょう？

自分の利益を得るための活動がこれまでの経済でした。

自分の利益のためではなく、相手のため、社会のために行う活動がブッダの経済。

ブッダの経済学では、自分の利益だけを考えることはカルマとなります。

自分の利益だけではなく、相手の利益を考え、「相手の幸福を考えることが徳分となる」と教えています。

――相手の利益を考える「利他的な経済」なのですね。

自分の事業が成功して財産、資産が増えたのは、たくさんの人々の支援、協力のおかげです。そうであるならば「自分以外の人々のためにも利益を使わなければならない」と考えるのがブッダの経済思考です。

――自分の得た利益を自分だけのために使わないということですね。

自分で得たお金は自分のために使うのが資本主義経済。

得たお金を人のためにどんどん使う（与える）のがブッダの経済。

相手を豊かにすることによって社会全体が豊かになり、自分も豊かになる。

与える者が豊かになっていく経済社会をつくっていくこと。

そのためには、自分が得たお金は社会に還元していくこと。

それがブッダの考え方です。


——還元することが社会にとっていいことはわかりますが、今の世の中で人のために使える人は少ないかもしれません。

アーサー・ブルックスという社会学者が「慈善事業への寄付と所得の関係」を統計学的に調査した結果があります。


その調査によると、ある世帯が1ドル寄付するごとに、寄付をしなかった世帯に比べて「所得が3・75ドル増えた」という結果が出ました。

寄付した金額の3・75倍に所得が上昇することがわかったのです。

つまり「与えることで3・75倍になって返ってくる」ということ。

――慈善事業のような社会的に意義のあることにお金を使うと、むしろお金は減るのではなく増えるのですか？

返ってくるといっても、お金という〝見えるカタチ〟で戻ってくる場合もあれば、良い出会いや人の紹介、人からの協力や支援などといった〝見えないカタチ〟で戻ってくることもあります。

しかしこの調査結果からも、「相手を豊かにすることによって自分も豊かになる」というブッダの考え方は正しいと証明されたのです。

――与えることで社会全体が豊かになっていくのがブッダの経済なのですね。

ブッダの経済は「どういう生き方をすれば人々が豊かに幸福に生きられるか」にもとづいた〝幸福経済〟です。

いかに利益をつくるかではなく、いかに幸福になるか。

どうすれば人間が成長・進化していく経済ができるのか。

そのためにはどういう経済活動がいいのか。

つまり「経済を使って徳分をつくる」のが、ブッダの経済思考であり、ダルマに則った経済なのです。

――〝物〟から〝信用〟へ、物質主義から精神主義へと経済の主体が変わるのですね。

現在の金融資本主義経済のように、欲望によって繁栄するのは間違いです。欲望はカルマとなるので、経済自体が常にカルマをつくっていることになります。与えることによって豊かになっていくが正しい。

結果として、見える資産も増えていきますが、増えた資産は再循環させ、必要なインフラや病院、教育や社会事業などに使っていくことでお金を循環させる。経済を回すことで、世の中にとって必要なものが増えていく。

欲望によって繁栄するのではない、与えることによって社会全体が豊かになっていく。

これがブッダの「徳分経済」です。

――〝与えること〟が重要なのですね。

たくさんの人々の支援や協力によって、商売やビジネスの成功は成り立っています。そうであるならばビジネスによって得た利益は社会に還元する、〝与えること〟をしなければいけません。その〝与える〟行為が徳分になるのです。

——徳分経済こそが本来の〝豊かな社会〟を築くのですね。

徳分をつくらない経済は、いずれ崩壊します。

金融資本主義経済とは物質主義の〝奪う〟経済。これは必ず滅びます。

経済優先の考え方は「獲得しよう」という経済思考です。

突き詰めれば、こういう考え方が戦争をつくっているのです。

自分が生きることだけを考えて、他者を生かすことを考えない経済は放棄しなければいけません。

——これからはブッダが目指す〝与える経済〟という信用資本主義の徳分経済にしていく必要があるのですね。

ブッダの経済は、人間が成長進化していく幸福経済。

物質主義とは正反対のいわば〝精神主義〟の経済です。

物（物質）を追いかけるのではなく、物からどんどん離れていくことで、人に多くを与えることができるようになっていきます。

与えることで豊かになる経済。

人々が与え合うことで、社会全体が豊かになっていく経済社会をつくっていく。

ダルマを軸としたブッダの経済を一人一人が実践していくことで、豊かで幸福な社会が実現できるのです。

A. 『経済優先すればするほど苦しみをつくり出し、人間が崩壊していく。相手を豊かにすることによって自分も豊かになるのがブッダの考え方。金融資本主義という〝奪う経済〟から信用資本主義の〝与える経済〟へ。それがブッダの目指す「徳分経済」』

ブッダの経済は人間も社会も成長していく人々が幸福になる「徳分経済」

Q. ブッダの目指す信用資本主義の徳分経済についてもう少し教えてください

現在の経済は金融資本主義経済。

これはカルマをつくる物質主義の世界で「物質主義経済」です。つまり「損か得か」しか考えていない世界、基本的には「損か得か」だけで物事が決まっているのが今の物質主義の世の中です。言い換えれば「どうしたら儲かるか」しか考えていないのが金融資本主義経済なのです。

――損か得か、何よりも利益優先なのが今の世の中なのですね。

より多く儲けること、より多くの利益を得ること、それが一番大事だと考えている世界。今の世界は、自分が生きることしか考えていない世界です。

「自分の得になればいい」「自分さえ良ければいい」と、自分が生きることしか考えていない経済は、幸福な社会ではありません。

――確かに今の世の中は幸福な社会とはいえない気がします。

現代社会は常に争いの世界です。

この争いの世界をつくっているのが金融資本主義経済。

金融資本主義経済は、人間を動物へと変えてしまいます。

損得だけを中心にする生き方は、心が成長せず、人間が成長しません。

人間が成長しない経済は、カルマの経済。

このままの経済を続けていれば、やがて人間を滅ぼします。

――金融資本主義経済は人間を滅ぼす経済なのですね？

金融資本主義経済、つまりお金というものは、一番カルマをつくる原因となります。

利益だけを考えるものは、カルマになります。

現在の金融資本主義経済の弊害について知らなければ、毎日の仕事で知らず知らずのうちに、どんどんカルマをつくってしまうことになります。

――仕事することでカルマをつくるのでは毎日不幸になる一方ではないですか？

ブッダの経済は、まったく違う経済です。

「経済を使って徳分をつくる」

ブッダの経済は、物質と精神を共存させる経済です。

自分の利益だけを考えるのは、ブッダの経済から見ればカルマになります。

数字だけを追い求めるものではない、利益だけを考えるものではない。

それがブッダの経済の基本です。

――物質と精神を共存させる経済活動とは、どのようなものでしょうか？

まず大切なことは、「自分の得た利益は、自分の力で得たものではない」「自分の成功は、たくさんの人々の支援や協力によって成り立っている」と考えることです。

このような考えにもとづくブッダの経済では、自分の収入を自分のためだけに使うことはカルマとなり、自分の得たお金を他の人々のために使うことは徳分になります。

――稼いだお金を人に与えることが徳分になるのですね。

とはいえ、何でもかんでも他者のために使えばいいというわけではありません。自分の生活が苦しくなるほど与えてはいけない。自分の生活を壊してまで与えることはカルマとなります。無理してまで与える必要はありません。

――どの程度を目安として自分以外のために使えば（与えれば）いいのでしょう？

目安として、「自分の所得の5%～10%程度」を自分以外の人のために使ったり、タンブン（寄進）したり、善なることのために使うのがいいでしょう。しかしこれはあくまでも一つの目安です。

――目安としては〝消費税分ぐらいまでがいい〟ということになりますね。

無理して出してもいけない。ケチってもいけない。

自分が得た利益（収入）を自分のためだけに使うなということ。

与えることは、世の中に還元するということ。

経済で徳分をつくるためには、自分の収入を自分以外のことに使う習慣をつけたほうがいいのです。


――世の中に還元するのであれば買い物することも徳分になるのですか？


それは単なる消費です。ただの消費にお金を使うことは徳分にはなりません。

消費は自分のためであって、与えてはいないからです。

もし消費することで徳分になるとしたら、自分のためではなく誰かのために買う。

人にあげるために買うことは徳分になります。


――なぜ人にあげるために買うのは徳分になるのですか？


人にあげることで、その人の感謝を引き出すことになるからです。

感謝することは、相手が徳を積むことになる。

相手の徳を積むことを引き出す行為は、自分の徳分になります。

――相手に感謝されることが、なぜ自分の徳分になるのでしょう？

感謝する気持ちが生まれることで、その人が正しい生き方をするようになるからです。

その人を〝徳を積む〟という良い方向に導いた。

徳を積むことを教えることは、自分の徳分になります。

――しかし現実的には「自分の生活が精一杯で与えるものがない」という人もいると思います。

与えること（還元する）は何もお金だけではありません。

・「法施（正しいことを伝える）」

・「身施（身体を使って還元するボランティア活動など）」

お金に限らずいろいろなことで与える（還元する）ことができます。

――お金で与えられなくてもそれ以外にも方法があるのですね。

お金がたくさんあれば、お金を寄付すればいい。

これは一番簡単な徳の積み方といえます。

お金を寄付するよりも自分の身体や時間を使って奉仕するほうが大変なので徳分が大きくなります。

――お金がなくても与えることができるのですね。

何もなければ〝笑顔〟でも構いません。

「和顔施（わがんせ）」というのは、笑顔を与えることです。

たとえば疲れているときや落ち込んでいるときに、誰かの笑顔で救われた、元気が出たということがあるでしょう。人に笑顔を与えることも徳分になります。

――笑顔も〝与えること〟になるのですね。

元気に挨拶するのもいい。

朝会社に来たときに、「おはようございます」と気持ち良く挨拶をされると、こちらまで気持ち良くなって元気が出るでしょう。それだけで一日の仕事が気持ち良く始められる。挨拶された相手は、挨拶されることで優しさを受け取ることができて、その人自身の気持ちも自然に優しくなり「自分も誰かに優しくしたい」というモチベーションを高めるきっかけになります。

挨拶することも立派な〝与える行為〟なのです。


——**与えるといってもお金以外にいろいろなことで与えることができるのですね。**


難しく考える必要はありません。

「自分には与えるものが何もない」と思う人もいるかもしれませんが、誰でも何かを与えることができるのです。

その与える行為が徳分を積むことになります。


——**つまり誰もが徳分を積むことができるのですね。**


経済活動を通してカルマをつくるのか、徳分をつくるのか。

「どういう生き方をすれば、人類が豊かに充実して生きられるか」にもとづいた経済がブッダの経済。

いかに利益を得るかではなく、いかに充実した社会、充実した人生になるのか。

そのためにはどういう経済活動がいいのかを考えるのがブッダの経済学です。

――つまりブッダの経済は損得や利益追求を求めるのではなく、人間も社会もより成長していく経済ということですね。

損得しか考えない世界に生きる人は、修羅場だけの人生となります。幸福感を感じない、苦しみの人生を生きることになってしまう。人は幸福になるのか、不幸になるのか、それによってまったく違う人生となります。

ブッダの経済は、人々が幸福になる徳分の経済。

損得ではなく、カルマと徳分を基準に置くのがブッダの経済。経済によって人間と社会が成長していくのが、ブッダの徳分経済なのです。

A.『自分の利益だけを考えることはカルマになる。いかに利益を得るかではなく、いかに充実した人生になるのか。経済によって人間と社会が成長していく経済。ブッダの目指す経済は、人々が幸福になる徳分の経済』

欲望実現を目指す西洋の成功哲学
本来の成功を目指すブッダの成功哲学

“Q. いわゆる西洋の成功哲学とブッダの成功哲学では、どのように違うのでしょうか？”

有名なナポレオン・ヒルなどの成功者に代表される西洋の成功哲学は、ひと言でいえば「処世術」でしかありません。

どうすれば今の世の中で成功できるのか。

設定した目標や願望を実現するためにはどうすればいいのか。

社会的、経済的な成功を手に入れるためにはどのように思考し行動すればいいのか。

つまり今の世の中で自分の願う成功を手に入れるための処世術にすぎないのです。

——確かに自己啓発的な成功哲学の本は「どうしたらこの世の中で上手く生きていけるのか」という処世術的な内容が書かれているものが多いように思います。

いわばそれらの成功哲学は〝表面的な外側〟の成功について語られたものです。

ブッダの成功哲学は、人間の根本的な成長に目を向けた〝内側からの成長〟による成功を教えています。

西洋の成功哲学が〝外側の成功〟に目を向けた処世術であるならば〝内側からの成長〟によって成功するというのがブッダの成功哲学の基本です。

——内側に目を向ける成功哲学と外側に目を向ける成功哲学ではまったく違いますね。

わかりやすく表現すれば、西洋の成功哲学は「対症療法」。

ブッダの成功哲学は「根本療法」。

言うなれば西洋医学と東洋医学の違いのようなものです。

——西洋医学は副作用が大きくて、漢方に代表される東洋医学は副作用が少ないですよね。

西洋の成功哲学は〝欲望の実現〟にもとづいた成功です。

欲望はカルマとなります。

自分がつくったカルマは必ず悪いこととして自分に返ってきます。

これが『カルマと徳分の法則』。

つまり欲望を実現して成功したとしても、その結果必ず犠牲が伴うということです。

——**「成功には犠牲がつきもの」という言葉もあるぐらいですからね。**

西洋の成功哲学では、成功すればするほど家族なり自分の健康なり何らかの犠牲がつきもので、そうした犠牲のもとに成り立っています。

一方、そういった犠牲をつくらない考え方がブッダの考え方。

「自分の健康や子供と会う時間を犠牲にして、それで成功したとしても何が幸せなのですか？何が成功なのですか？」

ブッダはそう問いかけます。

——**自分の健康や家族を犠牲にして経済的、社会的な成功を得たとしても、それが人生の成功、幸せに繋がるとはいえません。**

何一つ犠牲にしない、調和を取る、バランスを取る、それがブッダの成功哲学。

生き方が変わって、良い生き方に変わる。

ブッダが教える〝人間的な成長による成功〟は、自分の生き方がより良いものに変わるということ。

それがブッダが説く〝本来の成功〟です。


――良い生き方に変わることが〝本来の成功〟なのですね。


欲望による成功は、生き方をますます悪くします。

欲望を実現することで成功したとしても、人間的な成長、内側の成長はありません。

人間的な成長を放棄して成功したいのか、人間的な成長によって成功したいのか。

もっとわかりやすくいえば、自分と家族を犠牲にして成功したいのか、自分と家族を幸福な方向へと導きながら成功したいのか。

答えは明らかでしょう。


――もちろん誰もが幸福になりながら成功したいと思うでしょう。

「もっと稼ぎたい」「もっと儲けて成功したい」

この〝もっともっと〟が不幸にします。

自分だけではない、そこに関わった人すべてが不幸になる。

たとえば社長が「もっと儲けたい」と欲望の実現を第一に考えるような会社は、社員が酷使されて大変な思いをすることになり、酷使された社員の過労死が起きたりすることもある。

稼ぐこと、儲けることが成功だとしたら、社員を不幸にしてまで成功したいのかということになります。

――そんな会社はたとえ大儲けして大成功したとしても、社員も含めて関係する人たちがみんな何らかの犠牲を被ることになりますよね。

〝もっともっと〟が欲。

それは向上心とは違います。

向上心とは自分と他者を成長させるためのもの。

「もっと人の役に立ちたい」は欲ではない。

「もっとお金儲けしたい」は欲。

自分のためなのか、自分以外のためなのか、そこが大きな違いです。

――自分のための「もっともっと」は欲なのですね。

欲望にもとづく成功は大きなカルマになります。

「稼ぎたい」「儲けたい」「成功したい」

こうした自分の欲望にもとづく経済的な成功が、いかに自分とまわりの人たちを不幸にするのか、そろそろ気づいたほうがいい。

――私たちが今いる世の中は、欲望実現のために犠牲を生み出す〝不幸経済〟なのですね。

ブッダの成功哲学は人間的成長の結果としての経済的豊かさ、経済的成功にポイントを置いています。

つまり「どれだけ稼いだか」ではなく、「どんな人間になったのか」が重要。

自分の目標や願望をどれだけ実現できたかではなく、自分の人間性がどれだけ成長したのか。

欲望実現のための経済ではなく、本来の豊かさ、本来の成功を目指す〝幸福経済〟がブッダの成功哲学の根本にあるのです。

A.

『西洋の成功哲学は欲望や願望を実現することが成功。ブッダの成功哲学は人間的成長の結果としての経済的豊かさ、経済的成功にポイントを置いた成功哲学。つまり「どれだけ稼いだか」ではなく、「どんな人間になったのか」。本来の豊かさ、本来の成功を目指す〝幸福経済〟がブッダが目指す経済の根本』

目に見えない資産を増やすことが成功に繋がるブッダの信用資本主義経済

Q. ”これからの時代にビジネスで成功するには、どうしたらいいのでしょうか？“

これからの時代は今までとは違った経済情勢や世界情勢へと移っていきます（※コラム①「経済周期」参照）。

これからの時代は今までと同じように、お金や不動産などの〝目に見える資産〟が増えることで成功に繋がるのかといえば、それは違います。

——ではどうすれば成功に繋がるのですか？

今までのように〝目に見える資産〟を増やすのではなく、〝目に見えない資産〟を増やすことが必要です。

目に見えない資産とは、信用や信頼、絆や繋がり、愛や慈悲（ブッダ的には「メーター」）、徳分や忍耐力といったもの。そうした見えない資産がどれだけあるのかが経済的な成功にも大きく影響する時代になります。

——なぜ〝見えない資産〟が重要になるのでしょう？

これからの時代はＡＩや量子物理学の発達によって、信用や信頼などの見えない資産が目に見える形で数値化されていきます。

たとえばボランティア活動はどれだけやっているのか、人助けはどれだけしているのか、ローンの支払いは滞ったことがないのか、交友関係はどうなのか…といった情報にもとづく行動分析が数値化されて表される時代に入ってきています。

中国ではすでに目に見えない信用を数値にして表して、その人の信用力を客観的に判断する「信用スコア」という制度が実際の社会生活の中で活用され始めています。

つまり現実的に〝見えない資産〟が数値化できる時代に入っているということです。

――〝見えない資産〟が数値化されて利用されると経済的にはどう変わるのですか？

現在は金融機関がお金を貸し出す判断基準は、その人（会社）の口座残高（金融資産）や不動産などの目に見える資産。しかしこれからはそうした見える資産ではなく、その人がどのくらい信用できるのか、社会的に正しいことをどの程度やっているのか、そうしたことが見えない資産となって評価され、その評価によって金融機関などが融資するかどうかを決める時代になっていきます。

目に見えない資産が担保になる〝心の与信〟のような制度に変わっていくでしょう。

――見えない資産が評価される〝心の与信〟の時代になるのですか。

お金や資産は持っていても信用がない人は世の中にたくさんいます。

今までの経済ではそうした人もお金や資産を担保に事業資金などを借りてビジネスを大きくすることができましたが、これからの時代は〝信用や信頼〟といった見えない資産が担保になる時代へと変わっていきます。

「この人はどれだけ徳分を持っているのか」

これまでの金融資本主義経済から信用資本主義経済へと変わっていく。

見えない資産がないと見える資産も増えないという時代に入っていきます。

経済的に成功するためには、見えない資産を増やすことが必要になります。

――見えない資産を増やすにはどうすればいいのでしょう？

徳を積むことです。

「徳」というのは、良いことをすること。

良いことといっても人間基準ではなくて、ダルマ基準の善いことをすることが徳を積むことになります。

――〝ダルマ基準の善いこと〟とはどういったことでしょうか？

非常にわかりやすくいえば、「どんな動機でその行為を行うか」ということが、徳になるかならないかの基準です。同じ行為をするにしても動機が正しければ徳になり、動機が悪ければ徳になりません。動機が大事です。

――動機が正しい悪いというのはどういう場合ですか？

たとえば学生がボランティア活動する場合に、就職のために見せかけのボランティア活動をするのは就職のために行う偽善です。これは正しい動機ではない。

こうした偽善行為は徳になるどころかカルマになる。

自分が有利になるための行為であって、本来の〝人助けをする〟という心がきれいな状態で行動していないから動機が汚れている。心が汚れている。

これは徳にはなりません。

――つまり〝自分のため〟なのか〝相手のため〟なのかということですね？

「自分が」「自分のため」「自分のもの」などの「自分」というものが前面に出ている考え方を仏教用語（サンスクリット語）では「サカヤティッティ」といいます。

ダルマでは「サカヤティッティを捨てることで徳を積める人間になれる」と教えています。見えない資産を増やすには、まず最初に「自分が」というサカヤティッティを捨てることです。

——徳を積んでいる人が経済的にも成功する時代になるのですね。

徳を積んでいる人、人や社会のために一生懸命に貢献している人は必ず評価されます。

信用度が上がることで仕事にも繋がっていく。

「この人にならば安心して任せられる」

「この人なら必ず期待に応えてくれる」

そう思ってくれる人が多ければ多いほど、ビジネスチャンスも広がっていきます。

——確かに信用度が上がれば「この人に任せれば安心だ」となりますね。

もちろんビジネスチャンスを広げるために徳を積んでいるわけではありませんが、結果としてそうなるということ。

ビジネスチャンスを目的としていれば、それは自分のためのサカヤティッテティ。

ビジネスチャンスをつくることを目的や動機にしてはいけません。

——ビジネスや仕事でも見えない資産を増やすことはできますか？

たとえば会社員でも目的や動機が大事です。

「金儲けのために働いているわけではない。出世のために働いているのでもない。
この会社のやっている事業が素晴らしいので、この事業をもっと多くの人に伝えたい。
もっと社会を良くして人の役に立ちたい」
そういう思いで一生懸命に仕事していれば、これは大きな徳になります。
――見えない資産を増やす行為はいろいろあるのですね。
「一日一善」
ダルマの教えにもとづき「善」だと思う行為を毎日必ず心がけることです。
そうすることで徳分が増え、徳分が増えることで見えない資産も増えていきます。
――「一日一善」を心がけることは誰にでもできますね。
「富」は見える資産、「幸福」は見えない資産。
見えない資産を増やすためには「富と幸福を得よう」という考えを捨てること。
自分が得る（テイク）のではなく、自分から与えること（ギブ）を最優先にして
行動する。

「自分が」のサカヤティッティではなく、「人のため社会のために」という〝GIVE〟こそが大事です。

——テイクではなくギブするのですね。

見える資産を増やすには、まず先に見えない資産を増やすことが必須です。見えない資産は信用や信頼、人との絆や繋がり、愛情や思いやり、優しさによって増えていきます。

誰に対しても思いやりがあり、人との関係を大切にしている人、周囲から絶大な信頼を寄せられている人のもとには、見える資産も自然に集まってくるものなのです。

A．『見えない資産とは信用や信頼、人との絆や繋がり、愛情や思いやり、優しさといった徳分。これからの時代は、見える資産を増やすには〝見えない資産〟を増やすことが必須』

コラム 1

ビジネスを成功に導くために知るべき「経済周期」

「風水暦とダルマ」2つの経済法則にもとづく経済の流れ

経済には大きな流れがあります。

風水暦による経済の流れでは、大きな動きとしては〝180年周期（大運）〟で経済は動いています。

つまり180年を大きな区切り（まとまり）として、一つの経済の流れができているということ。

180年経つと一つの経済の流れが終わり、また新たな経済の動きが始まる。

これを繰り返す。

さらに180年周期は、20年ごとに〝第一運期から第九運期〟まで、9つの〝20周年期（小運）〟に分かれています。

これが風水暦にもとづいた経済の法則です。

ではダルマにおける経済の法則ではどうでしょうか。

ダルマでは人間は〝地水火風〟の４大要素でできています。

そこに〝空〟という概念と〝識（意識）〟が加わり、経済の流れとなる。

つまりダルマでは、経済は〝地水火風空識〟の６大法則にもとづき動いています。

たとえばダルマにおける経済の法則では、戦前から戦後間もない頃は〝地（１９４４年～１９６３年）〟の流れにありました。地とは〝交換〟で、物々交換経済でした。

そこから〝水（１９６４年～１９８３年）〟になり貨幣経済が発展し、次にやって来たのが〝火（１９８４年～２００３年）〟の人脈経済。その後、〝風（２００４年～２０２３年）〟の情報経済となり、ミクシィが運営を開始したのも２００４年。ここからＳＮＳが発達して情報の大衆化が始まりました。

現在はダルマの経済法則では〝空（２０２４年～２０４３年）〟のテクノロジー経済が始まっており、それと共にチャットＧＰＴなどが登場して、ＡＩの大衆化が始まりました。

つまり伸びる企業というのは、ダルマの経済の法則にある経済の流れを先取りした企業なのです。

【風水暦による経済の流れ】

大運(180年周期)								
中運(60年周期)								
上元(60年)			中元(60年)			下元(60年)		
小運(20周年期)								
第一運	第二運	第三運	第四運	第五運	第六運	第七運	第八運	第九運
1864 ～1883	1884 ～1903	1904 ～1923	1924 ～1943	1944 ～1963	1964 ～1983	1984～ 2003	2004 ～2023	2024 ～2043
1867年 明治天皇 即位		1915年 大正天皇 即位	1928年 昭和天皇 即位			1989年 平成天皇 即位	2019年 令和天皇 即位	

【ダルマにおける経済の法則】

識	意識	意識経済	2044～2063年
空	技術	テクノロジー経済	2024～2043年
風	情報	情報経済	2004～2023年
火	人脈	人脈経済	1984～2003年
水	貨幣	貨幣経済	1964～1983年
地	交換	物々交換経済	1944～1963年

現代は江戸幕府崩壊と同じことを繰り返す激動の時代

それでは現在は経済の大きな流れの中で、どのような経済状況にあるのでしょうか。

風水暦で見ると、2024年からは「第九運期（～2043年）」に入っています。

これはつまり、180年周期でいうと、大きな経済の動きの中で最後の周期ということになります。


そうだとすれば、今後20年間はどのような経済となるのか。

その答えを知るには、前回180年前を見ればいい。

180年前の第九運期（1844年～1863年）はどのような時代だったのか。

まさにそれは江戸幕府末期。

ペリーが浦賀に来航して幕府が開国し、安政の東南海地震や江戸直下型地震などの天災が起き、薩英戦争が勃発して、やがて江戸幕府が崩壊した。

すでにお伝えしたように、経済の動きは繰り返します。

江戸幕府崩壊と同じことが、これからの20年間で起こるということです。

つまり我々は激動の時代を迎えているのです。

【歴史的ひとつ前の180年前に起こった事実】
―下元第9運期（1844～1863年）の時代―

1844～1863 年とは幕末の時代

1853 年　ペリー浦賀来航

1854 年　安政東海地震　M8.4、安政南海地震　M8.5
（阪神淡路大震災は M7.3、能登半島地震は M7.6）

1855 年　安政江戸地震発生　M7.4　震度 6 強（首都直下型地震）

1858 年　安政の大獄（大老　井伊直弼）、コレラ流行

1860 年　桜田門外の変・井伊直弼暗殺

1862 年　ハシカ・コレラ流行、反幕府運動激化

1863 年　新選組結成、薩英戦争

1864 年　新選組池田家襲撃

1867 年　大政奉還

1868 年　明治元年

新しい意識改革によって生まれる意識経済の時代へ

2024年は、未来の変わり目となる〝空〟なる年。

第九運期に入った2024年から、私たちはますます不透明で不確実な時代に生きています。

こうした激動の時代だからこそ、生きるための軸を持っていないといけません。

自分自身がしっかりと地に足をつけた生き方をしないといけない。

その生きるための軸となるものが「ダルマ」です。

これからの時代は、社会や経済がどうなろうとも巻き込まれないということが重要になります。

激動の時代に入ったということは、努力や実力以外の力が人間に及ぼす影響が大きくなっているということ。

社会が乱れ、経済が崩壊していく中で、運が良くないと努力や実力だけではどうにもならない世界が加速していきます。

『運＝徳』

徳がないと助からない。

善い人生を送ることができない。

そうした大変な時代を生きるのですから、ますます自分の生き方の軸をつくり、ダルマに則った生き方をしていかないと、他人の不幸、社会の不幸に巻き込まれて翻弄されてしまいます。

今こそ生きるための軸となるダルマが必要です。

そして２０４３年に風水暦の第九運期が終わると、２０４４年からは新たな第一運期に入り、新時代の経済が始まります。

ダルマの経済の法則で見ても、２０４４年からは〝識〟の時代に入り、新しい意識改革によって生まれる意識経済へと変わっていきます。

次の新しい時代には、意識の高い人たち、心のきれいな人たちが社会の中心になって政治や経済をリードしていく社会をつくっていけるかどうかがポイントになります。

そのためには経営者などの影響力が大きい人たちが正しいビジネスのやり方を学び、実践していかなければなりません。

儲かればいいとばかりに相手を陥れたり、相手を騙して詐欺的な商売をしたりしてはいけない。

人のため、社会のために役に立つビジネスをした者が成功する時代になります。

政治も同じ。

自分の欲得で武器を売ったり、他国を侵略して領土を広げたり、こうした戦争をしている限り、人類は自滅する方向に進んでいます。

それは明らかに間違っています。

意識経済とは、つまりダルマに則った「徳分経済」ということ。

経済も政治もダルマにもとづく徳分経済、徳分政治にしていかないといけません。

徳の大きい人が経済の中心、政治の中心にいなければ、自然は失われ、人間は自滅していくでしょう。

これからの時代、運と徳分は成功するための絶対条件になります。

経済的に成功するためにも、より良い人生を送るためにも、ダルマを学ぶことがますます必要になる時代なのです。

第2章

ブッダの成功哲学『経済の八正道』

ビジネスを成功に導く『経済の八正道』

Q.ブッダが教える〝正しいビジネスの在り方〟について教えてください

ダルマではブッダが教える〝8つの正しい生き方〟があります。

それが「八正道」。

正しいとは、すべてダルマが基準です。

「ダルマ＝真理」

個人的な正しさや世間の常識にもとづいた正しさではなく、ダルマ（真理）に則った考え方や行動を指しています。

八正道を実践してダルマ基準に照らし合わせた正しい世界観を身につけることで、偏りのない正しい判断ができるようになります。

――「正しい世界観」とは何でしょうか？

世界観とは「価値」のこと。

人はその価値に照らし合わせて物事を判断し、選択してきているのです。

間違った価値を基準に判断しているから、正しい道、正しい人生を生きることができない。つまりもっと世界観を広げる、もっと大きな世界観から物事を正しく判断できる人間となる道が八正道なのです。

――八正道によって物事を正しく判断できるようになるのですね。

生きるうえにおいては避けることができない苦しみがあります。

仕事やビジネスといった経済においても苦しみがあるでしょう。

正しい判断によって、その苦しみを消す道が「八正道」。

ブッダは経済においても「この八正道を実行せよ」と説いています。

——「経済の八正道」を教えてください。

【経済の八正道】

1. 「正見」＝「正しい見解」…物事を正しく理解し、本質を見抜く
2. 「正思」＝「正しい思い」…俗世の価値観にとらわれず、正しくありのままに考える
3. 「正語」＝「正しい言葉」…嘘、悪口、陰口は言わない
4. 「正業」＝「正しい行為」…殺生、盗みをしない
5. 「正命」＝「正しい生活」…社会を良くしていく仕事に就き、自分に対して正直に生きる
6. 「正精進」＝「正しい努力」…常に成長していくための努力に励む
7. 「正念」＝「正しい観念」…現実を受け入れ、思慮深くあること
8. 「正定」＝「正しい瞑想」…瞑想し、正見を深めること

「この8つを実践することで苦を滅することができる」とブッダは説きました。

「八正道」とは、苦の種をつくらない大きな世界観、物事を正しく判断できる人間となることができる道を教えるものです。

「八正道」を実践することで、ビジネスも上手くいくようになります。

ビジネスを成功に導くブッダの成功哲学が『経済の八正道』なのです。

A.『ブッダが説いた正しい生き方が「八正道」。ビジネスでもブッダの成功哲学「八正道」を実践することで、偏りのない正しい判断ができ、成功へと導くことができる』

経済の『八正道』8つの実践法「正見」とは、ありのままを正しく見ること

ここからは前項でご紹介したダルマにもとづくブッダの成功哲学『経済の八正道』について、8つの実践法それぞれについてご説明していきたいと思います。

1.「正見」(正しい見解)　2.「正思」(正しい思い)　3.「正語」(正しい言葉)
4.「正業」(正しい行為)　5.「正命」(正しい生活)　6.「正精進」(正しい努力)
7.「正念」(正しい観念)　8.「正定」(正しい瞑想)

この8つを実践することで、仕事やビジネスを成功に導くことができます。

Q. 八正道の第一番目「正見」とは、どのようなものでしょうか？

第一番目の「正見」は、物事を正しく見る、ありのままに見るということです。

「正しく見る」とは、ダルマ（真理）から見て、正しく見るということ。

「ありのままに見る」とは、物事の本質を見抜くことで、ただ単に外側の状態をありのままに見るということではありません。

人や物事を外側だけ見て解釈する人は、判断を間違えてしまいます。

自分の解釈で片面から物事を判断するのは〝感情〟です。

感情で判断すると間違えます。

――自分の解釈（感情）で判断するなということですね？

正しく判断するとは〝解釈〟することではありません。

しかしほとんどの人は解釈ばかりして仕事するので、誤解が起きたりボタンの掛け違いが起きてトラブルになる。


——確かにトラブルは誤解が原因となるケースが多々あります。


相手のことがよくわかっていないのに、すぐにビジネスしようとするのは間違い。

お互いに理解がないのに手を組んで「金儲けしようぜ」となる。

これは西洋式のビジネスマナーでよく見かける、初対面の相手と握手して「上手くやりましょう」というのと同じこと。

相手のことがよくわかっていない、相手のことを理解していないのに、初めから手を取り合って「上手く儲けましょう」ではリスクが大きい。


——相手のことをよく理解せずに儲け話に乗って失敗するケースもありますね。


これは正しく物事を理解していない、相手の本質がわかっていないということ。

だから騙されたりする。

相手のことをよく確認もせずに、見かけだけで解釈して判断するから間違える。本質を見ようとせずに自分の解釈で判断し行動する人は、仕事やビジネスでも失敗して苦しむことになります。

――仕事やビジネスで「正見」を活かすにはどうすればいいでしょう？

相手との信頼関係が築けてから仕事をする習慣をつけることです。

現代社会の多くの人間関係は、騙し騙され駆け引きばかり。「儲けさせてくれる人は良い人」「儲けさせてくれない人は悪い人」というのが一般社会の考え方。

そうではない。相手に与える人が良い人。

自分が相手から与えてもらうのではなく、常に相手のことを考えて、相手の利益になるような行動ができる人は信用できる。

逆に相手から与えてもらおう、もらおうとしている人、つまり自分が儲けようとばかりしている人は信用できません。

表面的な解釈で物事を判断するのではなく、相手の本質を見極めて信頼関係ができてからビジネスを進めることが成功に繋がるのです。

――確かに表面的には〝いい話〟に思えても、実際には〝相手に都合のいい話〟ということもありますよね。

わかりやすい例でいえば、異業種交流会に行くと、次から次へと初対面でもすぐに営業をかけてくる人がいます。相手を理解できていない、どんな人かもわかっていないのに売り込んでくる。

これは正しく見るということができていません。

つまり「正見」できていない。

こういうやり方では一時的に成功したとしても、いずれ失敗して苦しむことになります。

――そうならないためにも本質を正しく見る「正見」が大事なのですね。

社長などの経営者はもちろん、ビジネスマンは毎日ビジネスに関して判断しなければいけません。

誤った判断をしてしまえばビジネスは失敗します。

本質を見抜く正しい判断、偏りのない判断を「中道」といいます。

――「中道」とは〝真ん中〟のことですか？

中道とは「真ん中」という意味ではありません。

真理にもとづいた最善の方法の見方や考え方を表しています。

それが「正見」。

今までのビジネスを変えるには、今までの物の見方の習慣を変えること。

物事を正しく理解し、本質を見抜くことで、今までのビジネスのやり方を変えて成功に導くことができます。

――「正見」できるようになるためにはどうしたらいいでしょう？

「正見」を実践するには、観察力、洞察力を高めることが必要です。
観察力は外側を見る力。
洞察力は内側を見る力。
この2つを高めるためには「瞑想」が必要です。
物事を正しく理解し、本質を見抜くためには、瞑想によって気づきを得ること。
瞑想することで気づきを得て「正見」できるようになります。

A.『「正見」とは、ありのままを正しく見ること。相手の本質を見極めてからビジネスする習慣をつけることが必要。自分の解釈で判断し行動する人は失敗する』

「正思」とは世俗の価値観にとらわれず深く物事を考えること

Q. 第二番目「正思」について教えてください

「正思」とは「正しく判断する」ことです。

人間基準で人や物事、善悪を判断するのではなく、ダルマ基準、神基準で判断することで本質を見抜き、自分の思考を深めていくことができます。

――物事の本質を見極めて判断せよということですね。

「正思」は、世俗の価値観にとらわれず、正しくありのままに考えることを意味しています。

ひと言でいえば「深く物事を考えよ」ということです。

ダルマでは「ピッチャラナーをしなさい」と教えています。

——「正思」を実践するうえで知っておくべきことはありますか？

世俗の価値観にとらわれないためには、まず第一に自分の軸をしっかり持っていなければなりません。

軸のない人ほど、他人の価値観や社会通念に影響されてしまいます。

第二に、人にどう思われるかといった他人の評価で自己判断しないことです。

なぜならそれは「自分を良く見てもらいたい」「自分の味方をしてもらいたい」という欲から自分を変えることになり、損得で判断してしまうことになるからです。

自分の軸を持っていない人は、他人の影響を大きく受けてしまうことになります。

——自分の軸をしっかり持って他人の影響を受けずに判断することが大事なのですね。

多くの人が俗世間の良い悪いで判断しがちです。

「みんながやっているんだからいいでしょう」というのが価値基準。

そういう人間基準で良い悪いを判断するから誤った道を選んでしまう。

すべてはダルマ基準。

つまり本質を見抜いて「本当に良いことなのかどうか」をもっと深く考える。

人間基準は「欲基準」。

ダルマ基準は、欲基準ではない「神基準」。

基準を変えて判断すること。

これが「正思」。

――つまり〝欲基準〟で判断することをやめようということですね。

自分の思考を深めていくことで物事の本質を見抜き、正しい判断をしなければいけません。

本質的なところから自分の考えが合っているのか、これでいいのか考えることです。

「深堀りする」と言いますが、一回出した答えでも「これで本当にいいのか」と、もう一回考えてみる。

そこで「違う」とわかったら、すぐに撤回する。

ところが多くの人がこのことができていません。

「一回出した答えだからそれでいい」と撤回せずにそのまま進めてしまう。

たとえ悪いことだとわかっていても「見つからなければいい」と隠し続ける。

それが不正の温床になり、こういう考え方が経済も社会も悪くするのです。

――**すべては人間基準、欲基準で判断するから誤った方向に進んでしまうのですね。**

「間違い」とわかったら、「悪い」とわかったら、すぐに撤回して改善する。

深く物事を考えて、正しい判断をする。

それが「正思」です。

A.『「正思」とは、自分の軸をしっかり持って、他人の影響を受けずに判断すること。「本当にこれで良いのかどうか」深く考えること。くれぐれも〝欲基準〟で判断してはいけない』

「正語」とは正しい言葉で話すこと
嘘、誹謗中傷、陰口、悪口、無駄話はしないこと

Q. 第三番目「正語」について教えてください

「正語」は、嘘、誹謗中傷、陰口、悪口、無駄話をしないことです。

他人を誹謗中傷したり、嘘をついたりすることは、他人の心と魂を傷つけ、重大なカルマをつくるだけでなく、それを言った本人の脳に大きなダメージを与えることになります。

相手の心と魂を傷つけることは、肉体を痛めつけるよりも、よりダメージを与えて苦しめることになります。

――つまり「正語」とは相手を傷つけるような発言をしないということですか？

たとえば部下が上司や会社に対して陰口や悪口を言ったり、ネットに誹謗中傷を書き込んで攻撃したり、言葉によって相手を傷つけるような行為を行うことは、言葉によってカルマをつくっています。

パワハラやセクハラも言葉による攻撃。正しい言葉を使えば、パワハラもセクハラもなくなります。

――確かに正しい言葉を使い正しい発言をすれば、パワハラもセクハラもなくなりますね。

正しく報告することも「正語」です。

社員の中には不正を誤魔化すために会社に嘘の報告をする者もいますが、これは会社にとって大きな損害を及ぼすことになりかねません。

――正しい言葉を使うこと、正しく伝えることが「正語」なのですね。

「正語」とは、言葉によって徳を積むことです。

困っている人には優しい言葉も必要でしょう。

ときには相手をいたわる言葉や感謝の言葉をかけることもできるでしょう。

落ち込みやすい人に対してはネガティブな言い方はしないとか、仕事が遅い人に向かって「何やってるんだ」「もっと早くやれ」などと否定的な言葉を吐いて相手を傷つけるようなことをしないとか、言葉に気をつけることが「正語」です。

――「正語」とは言葉に気をつけることで正しい行為をすることなのですね。

言葉によって人を殺すこともできる。言葉によって人を助けることもできる。

正しい言葉によって人を助ける。

それが「正語」。

――人に言われたひと言で深く傷つくこともあれば、勇気づけられることもあります。

「正しい言葉で話す」ことも大事です。

最近では正しい言葉で話していない人が増えています。

たとえば「～じゃないんですか?」と聞いてくる人がいますが、これは否定語と肯定語が一緒になっていて、何を言っているのかわかりません。

言葉をどんどん省略して文章にしないで短い言葉で会話したり、そもそも主語がないので誰のことを言っているのかわからないこともあります。

これは文法が壊れている。言葉が壊れています。これは「正語」ではありません。

――**正しい言葉で話さないことで誤解や勘違いが起こるのですね。**

特に仕事やビジネスにおいては、相手に誤解を生むような言葉を使ってはいけません。それが原因で経済的な損失に繋がることもあります。

正しい言葉を使えば、誤解も勘違いもかなり防げます。

ビジネスにおいて「正語」は重要なのです。

A.『他人を誹謗中傷したり、嘘をついたりすることは大きなカルマとなる。正しい言葉で話すと誤解や勘違いも防ぐことができる。正しい言葉を使うことは仕事やビジネスでも重要』

「正業」とは正しい行動、正しい行為をすること カルマをつくる「悪業」は避けること

Q. 第四番目「正業」とは何でしょうか？

「正業」とは「正しい行動、正しい行為をする」ことです。
「業」とは行為のこと。
悪い行為をせずに正しい行為をすることが「正業」。
逆に正しい行為をせずに悪い行為をすることが「悪業」。

――どんな行為が「悪業」になりますか？

ブッダは「これだけはしてはいけない」という5つの行為を挙げています。

・「殺生（せっしょう）」…生きとし生けるものを殺すこと
・「偸盗（ちゅうとう）」…人の物を盗むこと
・「邪淫（じゃいん）」…乱れた異性行為をすること
・「妄語（もうご）」…相手を陥れる行為をすること
・「飲酒（おんじゅ）」…酒を飲むこと

この5つが「やってはいけない行為」です。

――それぞれどういう理由でやってはいけないのですか？

どんな生き物も生きる権利があります。

生き物を殺すことは正しい行為ではありません。

生き物を殺して食べる肉食も正しい行為ではないので、できるだけやめたほうがいい。

さらに、人を殺す戦争ビジネスもやってはいけない行為です。

人の物を盗むことは当然やってはいけない行為です。

ビジネスにおいては〝人の仕事を盗む〟行為をやってはいけません。

たとえば不動産業で多いのが、社員が良い物件情報を得ても、それを自社に報告せずに他社に教えて仲介料を山分けして儲けること。

これは会社の利益を盗んだわけですから、悪い行為「悪業」になります。

どこかの国のように仕事で女性に接客させ「ハニートラップ」という罠にはめ、相手の弱みを握り、ビジネスを有利に進める行為も正しいビジネスの仕方ではありません。

いい加減なことを言ったり、でっちあげの嘘を言って契約をさせるなどは「妄語」といい、やってはいけない行為です。

――「飲酒」についてはどうでしょう?

飲酒は意志力を弱めます。

実際に酒を飲むことによる事件や事故が数多く起こっているわけですから、やめたほうがいい。

ビジネスや仕事においても酒の席での失敗は多いものです。

できるだけ酒は飲まないほうがいい。

――確かに酒の席での失敗はよく耳にしますね。

世の中を見渡してみればわかりますが、犯罪やトラブルはお酒を飲んだときに起こりがちです。お酒が原因でトラブルに巻き込まれることはよくあります。たとえばお酒を飲まなければ酔っぱらってケンカもしないし、飲酒運転で事故を起こすこともありません。

つまり悪い行為の原因になることが多いのですから、お酒を飲むことはカルマになるということです。

――お酒を飲むこと自体がカルマになるのですか？

実際に健康にも悪影響を与えます。

「世界有害薬物ランキング」（英国薬物関連独立科学委員会2010・11）によると、有害薬物の第1位は「アルコール」です。ヘロイン（2位）やコカイン（3位）といった麻薬よりもアルコールのほうが〝有害〟だとされています。

この事実からも、いかにお酒が悪いものかわかるというものです。

――麻薬よりお酒のほうが有害だとは知りませんでした。

日本人はお酒を飲むことが当たり前になっていて、「お酒を飲むことは悪いこと」という認識がとても低いのが現実です。

しかし実際にはコカインなどの麻薬よりも人間を壊していくのです。

健康に悪いのはもちろん、脳の機能を破壊していくのがお酒です。

ビジネスの席でもお酒を飲む機会もあるでしょうが、できるだけやめたほうがいい。

お酒によって冷静な判断を失うことになり、誤った選択をしたり、人間関係を壊したり、いずれビジネスでも失敗に繋がる恐れがあります。

――〝君子危うきに近寄らず〟といいますが、健康にもビジネスにも悪影響を与えるのですから、お酒は飲まないほうがいいのですね。

「殺生」「偸盗」「邪淫」「妄語」「飲酒」

これらの行為は「カルマをつくる」ので、やってはいけない行為。

カルマをつくらない行為、徳分を積む正しい行為を行うことが「正業」です。

――つまり「悪業を避けよ」ということですね。

普段の生活の中で「正業」を実践するために必要なことがあります。

それは「正しくない行為に誘う者から離れる」こと。

悪業を避けるためには、このことも重要なポイントです。

ビジネスで成功するためにも、良い人生にするためにも「悪業」を避けて「正業」を行うように心がけてください。

A．『やってはいけない5つの行為「殺生」「偸盗」「邪淫」「妄語」「飲酒」。「悪業」を避け、正しい行為を行うことが「正業」』

「正命」とは社会のため、人のためになる仕事を一生懸命頑張ること

Q. 第五番目「正命」とは何でしょうか？

「正命」とは、「正しい仕事をする」「自分に対して正直に生きる」ということです。

――「正しい仕事」とはどんな仕事ですか？

社会のため、人のためになる、社会を良くしていくような仕事のことです。

社会を良くしていく仕事とは、多くの人が困っている問題を解決していくような仕事やビジネスです。

――人のため、社会のためになる仕事が〝正しい仕事〟なのですね。

社会を悪くするような仕事はしてはいけません。

たとえば利益追求のために人の害になるような薬をつくる製薬会社、自然破壊に繋がる開発をする会社、人を騙して儲けるような詐欺的な職業、いくら生活のためだとしても、こういったビジネスや仕事をしてはいけません。

一時的に成功したとしても、自分がつくったカルマによって、いずれ必ず不幸が訪れることになります。

――利益が目的で社会のためにならない仕事はしてはいけないのですね。

ブッダはこう言っています。

『カルマになる仕事はやめよ。徳分になる仕事をやりなさい』

つまり〝心が汚れて悪くなるような仕事〟ならやめたほうがいい。

〝自分の心がきれいになるような仕事〟なら積極的にやりなさいということ。

——それはどのような仕事のことをいうのでしょうか？

その仕事をすることで、自分がより成長していくなら〝徳分の職業〟。その仕事をすることで、自分の心が汚れていき、成長しないのなら〝カルマの職業〟。これがブッダの職業の定義です。

——〝徳分の職業〟〝カルマの職業〟について教えてください。

社会や人の問題を解決しながら利益を生む仕事が徳分の仕事。

こうした徳分の仕事をやるほうがいい。

徳分の仕事ではない仕事、つまり社会や人のためにならない仕事はカルマをつくる仕事です。

社会や人のためにならず、欲望を煽ることによって利益を得るような仕事は、やるべき仕事ではありません。

——社会のため、人のためになるような仕事が、ダルマでは「正命」なのですね。

『職業、仕事は、他人を助ける行為である』

これがブッダの職業論。
どんな仕事でも人や社会を助ける行為でなければならない。
人や社会を苦しめるような仕事には就いてはいけない。
正しい仕事に就いて、自分に正直に一生懸命頑張ること。
それが「正命」です。

A.『社会や人の問題を解決しながら利益を生む仕事が徳分の仕事。社会や人のためにならず、欲望を煽ることによって利益を得るような仕事はやってはいけない。一時的に成功したとしても、自分がつくったカルマによって、いずれ必ず不幸が訪れることになる。正しい仕事に就いて、自分に正直に一生懸命頑張ることこそ正しい道』

「正精進」とは正しいことを精一杯努力すること
向上心を持って生産性を上げること

"Q. 第六番目「正精進」について教えてください"

「正精進」とは、正しく努力することです。

正しく努力するとは、結果の出る努力をするということ。

別な言い方をすれば「やるべきことを正しくやる」。

ビジネスでも仕事でも、向上心を持って生産性を上げようとすることが「正精進」です。

――努力することが「正精進」なのですね?

〝正しい努力〟をすることが「正精進」。

世の中には正しくない努力をしている人もいます。

――〝正しくない努力〟とはどのような努力でしょう？

たとえば詐欺的なビジネスに手を出して、「どうやれば人を騙して儲けられるか」と間違った努力をする人もいますが、これは人間として成長しません。

「自分が人間として成長していくやり方で仕事をしていきましょう」

これがブッダの「正精進」。

――確かに〝正しくない努力〟をしても人間は成長しませんね。

ただ単に一生懸命やることが正しい努力ではありません。

正しいことを精一杯やることが正しい努力であり「正精進」です。

A.『やるべきことを正しくやる。ビジネスでも仕事でも、正しい仕事を精一杯、一生懸命に努力してやることが大事』

「正念」とは今の状況や現実を受け入れて現実逃避せず思慮深くあること

Q. 第七番目「正念」について教えてください

「念」とは「今の心」と書きます。

自分が今どう思っているのかを正確にとらえることが「正念」。

「正念」とは「今の状況、現実を受け入れ、現実逃避せず思慮深くある」こと。

――苦しい現状や辛い現状を受け入れることができないこともあると思います。

どんなに苦しくても現状を受け入れることです。

苦しいからといって、その苦しみから逃げ出さずに受け入れなければいけません。

「今の状態を受け入れたくない」と現状から逃避すれば、受け入れたくない悪い状態が自分の中に残り続けてしまいます。

現状がどうであれ、その状況を受け入れることでしか今の状況を変えることはできません。


――苦しい状況を打開するためにも現状を受け入れないといけないのですね。


ビジネスでも現状を受け入れて対処しない限り、良い方向に進むことはできません。

正しい方向に向かい、良い結果を得るためにも「正念」が必要です。

たとえどんなに苦しい状況でも逃げ出さずに受け入れることで、正しい方向へと道は開かれるのです。

A.『ビジネスでも現状を受け入れて対処することが必要。どんなに苦しくても現状を受け入れることで正しい方向が見えてくる』

「正定」とは常に心を穏やかにしていること
他人の悪い感情に巻き込まれないこと

"Q. 最後に第八番目「正定」について教えてください"

常に心を穏やかにしていることが「正定」です。
「正定」とは簡単にいうと「他人の悪い感情に巻き込まれない」こと。
他人の感情に巻き込まれると、自分も穏やかな心ではいられなくなります。

――確かにイライラしたり慌ただしくしているような人のまわりにいると、自分まで心がざわざわしてくるのがわかります。

心が穏やかでいないと、判断を誤ることに繋がります。

イライラしていると、まわりに迷惑をかけることにもなります。

良いことは一つもありません。

ビジネスや仕事においても正しい判断ができなくなります。

心が穏やかである「正定」は、ビジネスや仕事の場でも重要です。


――どうすれば「正定」でいることができますか?


瞑想して心を穏やかにしましょう。

瞑想することによって、物事を正しく深く理解する力がつきます。


――瞑想することで心が穏やかでいられるのですね。


ビジネスや仕事の前には短い時間でも瞑想することです。

会社であれば始業の前に3分でもいいから全員で瞑想する時間をつくる。

瞑想することで心が穏やかになり、落ち着いて仕事に向かうことで、生産性が上がって良い結果に結びつきます。

――瞑想して心が穏やかになるとビジネスや仕事にも良い影響があるのですね。

仕事の合間やお昼休みなどの休憩時間にも瞑想することで集中力がアップし、仕事の効率が上がります。

短い時間でもいいので瞑想する習慣をつけるようにしてください。

――ここまでお聞きしてきた8つの実践法が、ブッダが教える「経済の八正道」なのですね。

ビジネスや仕事で成功すること。

自分自身が人間として成長すること。

この2つが同時に実現する実践法が『経済の八正道』です。

もっとわかりやすくいえば「稼ぐことと成長すること」が一緒になること。

八正道の上に人生も仕事も築いていくことで徳分が生まれます。

――「八正道」を知ることでビジネスにも良い影響がありそうですね。

八正道は知っただけでは意味がありません。

学んで身につけること。

つまりそれは実践するということ。

八正道を実践することで正しい世界観となり、ビジネスでも良い成果が出るようになります。


――「八正道」は8つ全部行わなければいけないのですか？


八正道は8つすべてを実践することが大切です。

8つすべてが繋がっています。


――とはいえ、最初から8つ全部を実践するのは難しいと思います。


まずはどれか一つを実践することから始めてみてください。

そこから徐々に広げていって、最終的には8つ全部行うようにしてください。

そして毎日寝る前に「今日一日八正道が実行できたのか」を振り返ることで、徳分がさらに生まれます。

――8つ全部できなかったとしても、振り返ってみることが大事なのですね。

八正道は、ビジネスを成功に導くブッダの成功哲学です。
八正道を実践することで徳分が増し、運氣が上がります。
ブッダの八正道は、経済を通して社会と人間が成長するために必要な道なのです。

A.『八正道は8つ全部行うことが大事。まずはどれか一つを実践することから始めてみる。八正道を実践することで徳分が増し、運氣が上がり、ビジネスでも良い成果が出るようになる。八正道はビジネスを成功に導くブッダの成功哲学』

コラム 2

現代を生きるビジネスマンに必要な「サマタ瞑想」

集中力を高め、心を落ち着かせる「サマタ瞑想」

これから瞑想を始めようとする人は、どんな瞑想から始めたほうがいいでしょうか。

世の中で行われている瞑想を大きく2つに分けると、「ヴィッパサナー瞑想」と「サマタ瞑想」に分けることができます。

気づき〈サッティ〉を増やし、解脱に導く瞑想が「ヴィッパサナー瞑想」。

ヴィッパサナー瞑想は、自分の内側に意識を向け、体の変化、感覚、感情、記憶、思考、それらが今、この瞬間にどのように変化していくかをあるがまま観る瞑想です。

〝あるがまま観る〟とはどういうことでしょうか。

たとえば瞑想中に自分の肉体のどこかに「痛い」と感じるところがある場合、その痛い所は流れが悪い場所です。

内臓と感情は関わりがあります。たとえば、怒りは肝臓と関わっています。肝臓のあたりに痛みを感じるようであれば、怒りと関わりがあるということ。

このように、自分の身体のどの部分が痛いかによって、どの感情と関わっているのかがわかります。

ヴィッパサナー瞑想は、内側に意識を向け、あるがままに観ることで、心に張り付いている汚れを剥がしてきれいにする瞑想です。

自分の内側に意識を向けて、移り変わる対象に意識を合わせて集中するので、より深い集中が必要になります。

一方、「サマタ瞑想」は、内側ではなく外側に意識を向けます。

何か対象となる1点に意識を集中することで、集中力を高め、心を落ち着かせる瞑想です。たとえば、ろうそくの炎に意識を集中することで、心を落ち着かせて瞑想に入ります。

気づき〈サッティ〉を増やし、集中力を高める瞑想が「サマタ瞑想」です。

これから瞑想を始めるなら、自分の内側に意識を向ける「ヴィッパサナー瞑想」よりも、意識を何か1点に集中する「サマタ瞑想」のほうが、瞑想初心者には入りやすいでしょう。

普段私たちは集中するときには、何かの対象に意識を集中させることに慣れています。ですから初心者でも集中しやすい「サマタ瞑想」から始めたほうがいいでしょう。

サマタ瞑想することでオンオフの切り替えができるようになる

サマタ瞑想から始めたほうがいい理由は、それだけではありません。

現代を生きる私たちにとって、日常生活でまず必要になるのが「サマタ瞑想」だからです。

それはなぜか。

私たちが生活するためにはお金が必要です。そのお金を得るためには働かなければいけません。

つまり働くということは、ビジネスや仕事で成果を出すことが求められるということです。

そのために何が必要かというと〝集中力〟です。

集中力が高くないと良い結果が出ません。

その集中力を高めるのが「サマタ瞑想」です。

意識を1点に集中することで集中力が高まるのです。

集中しているときに出ているのが「ノルアドレナリン」というホルモンです。

この「ノルアドレナリン」は、闘争本能、防衛本能に関わるホルモンで、集中力を高めます。

このノルアドレナリンが増えると、一緒に増えるのが「アドレナリン」。

アドレナリンはスタミナに関係するホルモンで、スタミナがある人、持久力がある人はアドレナリンの分泌が良い状態です。

つまり「ノルアドレナリン」が増えることで「アドレナリン」も増える。

この2つのホルモンが高い状態で分泌しているのが、正常な仕事モードです。

この状態のときには〝戦闘モード〟なので、精神的にピリピリしています。

しかし、この戦闘モードを仕事が終わってからも引きずっていてはいけません。

仕事が終わり家に帰ってからは、完全にリラックスモードになる必要があります。

家に帰ってからも仕事モードを引きずってピリピリした戦闘モードでは、身体も心も休まりません。24時間ずっと戦っている異常な状態に陥ってしまいます。

24時間ずっと戦っていたら身がもちません。

ビジネスや仕事で戦闘モード、家でも戦闘モード。これはずっと氣が張っている状態です。常に戦闘モードでいては、いずれスタミナ切れして集中力が落ちてしまいます。

外でも家でも戦闘モードが続いているとどうなるのか。

睡眠障害が起きて眠れなくなります。慢性疲労はそういう状態が続くことで起こります。

こうした状態から逃れるためには、完全にリラックスした状態になる必要があります。

戦闘モードを解き放ち、完全なリラックスモードにするのが瞑想です。

一度完全にリラックスモードにして戦闘モードのスイッチをオフにするためには「サマタ瞑想」が必要です。

ビジネスや仕事で集中力を高めるためだけでなく、リラックスするためにも瞑想したほうがいいのです。瞑想することで完全リラックスモードに入り、心と身体と頭を休めることができます。

深い瞑想をすればするほど、オンオフの切り替えができるようになるので、さらに集中力が高くなり、ビジネスや仕事で良い結果が出せるようになります。

ビジネスで成功するために重要な〝ＪＩＴ〟が強くなるマントラ瞑想

瞑想にはマントラを唱えながら瞑想する「マントラ瞑想」があります。

マントラ瞑想をすることで、人間の中に存在している〝ＪＩＴ（ジッ）〟と呼ばれる未知なる生命体が成長します。

ＪＩＴとは俗に〝第三の目〟とも呼ばれるもので、額から後頭葉を繋ぐ〝つつ〟の中に存在しています。

このＪＩＴが成長して強くなることで集中力が強くなります。

集中力がない人はＪＩＴという存在が抜けている状態です。

注意力散漫ではビジネスは上手くいきません。

ビジネスで成功するためには、集中力と関係しているＪＩＴという生命体がとても重要になります。

ＪＩＴを強くするためには瞑想することです。

すでにご紹介した1点に意識を集中させるサマタ瞑想もＪＩＴを強くしますが、ここでは「マントラ瞑想」をご紹介しましょう。

一番簡単なマントラ瞑想は「プッートッー瞑想」。

目をつぶり瞑想を始めたら、息を吸うときに心の中で「プッー」と言いながらゆっくり鼻から吸い、吐くときには「トッー」と心の中で言いながらゆっくり息を吐きます。


これもマントラ瞑想です。

これならば瞑想初心者の方でもできるでしょう。

次に「JーT を成長させるマントラ」をご紹介します。


『ウェーターサーク／クサーターウェー／ターヤサータ／タサーヤター／サーサーティク／クティサーサー／クタクプー／プークタク』


このマントラを声に出さずに心の中で唱えてください。

このとき意識するのは〝JーTのある場所〟です。

目をつぶり、心の中でこのマントラを唱えて瞑想してください。

マントラ瞑想を行うことでJーTが強くなり、集中力がアップして、ビジネスも上手くいくようになります。

無理に頑張ろうとして瞑想を続けてはいけない

瞑想は毎日続けることが重要です。

毎日続けていると、瞑想によって気づきが増えていきます。

最初のうちは瞑想するときにメモ用紙を用意しておいて、何か気づいたらすぐにメモに書いて、そこでやめる。

「いつも肩に力が入っているな」

「あの言動は良くなかったな」

「あの仕事は上手くいかなかったな」

気づいたらメモして終わり。

これが基本的に〝マインドフルネス〟。

気づきの瞑想です。

瞑想が浅いと、さらにもっといろいろなことが湧き出てくるようになります。

それらは全部無視。

なぜかというと、気づいてそこで止まると思考が始まるから。

思考してはいけません。

ただ気づくだけでいい。

だから最初のうちは、気づいたらそこで終わりにする。

無理にそこで「頑張ろう頑張ろう」とすると考えてしまうので、そこでやめる。

このやり方を続けていると、瞑想中に湧いてくる「あれをやらないといけない、これをやらないといけない」などというものが減ってきます。

湧いて出てくる〝妄想〟が減ってくると、やがて深い瞑想ができるようになります。

最初から「無になろう」「深い瞑想しよう」としても絶対に無理。

最初はできないのが当たり前。

できないことが前提なのに、できると思っていることが勘違い。

できないからやれるようにする。やれるように成長する。

いっぺんに成長しようとするから続かないのです。

決して焦らない。一気に成長しようともしない。

とにかく毎日やるだけ。

5分でも毎日やること。

それだけでだんだんと1ミリずつでも進化していきます。

ビジネスで良い結果を出すためには、集中力を高める瞑想が必要なのです。

第3章

ビジネスを成功に導くダルマ『経済の法則』

ビジネスで成功するには「実力＋運」が必要

”Q．ビジネスで成功するために最も必要なものは何でしょう？

やはりビジネスの世界は実力の世界なのでしょうか？“

「実力」とは何でしょうか？

実力とは、もともと備わっているものではありません。その人が持っている才能や能力を努力によって高めていくことで身につくものが実力です。

では、まったく同じ実力を持つ人がいたとして、その人たちが同じビジネスをしたときに、まったく同じ結果になるでしょうか？

――**まったく同じ結果になるとは限りません。**

実力は同じでも、結果は同じではない。

これは実力以外に結果に影響を及ぼす〝何か〟が存在しているということ。

つまり、実力以外の力がビジネスや仕事の結果にも影響を与えているということの証明です。


――実力以外の〝何か〟とは一体何でしょうか？


実力以外に結果に影響を及ぼす〝何か〟。

それは「運」です。

「運が良い」「運が悪い」といいますが、その言葉通り、結果を左右する要素には「運」が関係しています。

つまりビジネスで成功していくためには、実力だけでは成功し続けることはできないということになります。


――いくら実力があっても成功し続けることは難しいのですね。


「結果＝実力＋運」

ビジネスの成功には、実力に加えて「運」も必要です。

デロイトコンサルティングとテキサス大学の研究「会社の業績に実力と運がどのように影響したのか」（2万社を対象に1965年～2005年までの40年間のデータ）の研究によると次のような結果が報告されています。

『結果（業績）＝運75％＋実力25％』

このデータから「成功の大部分は幸運に恵まれた結果にすぎない」と分析しています。

――実力より運のほうが成功に占める割合が大きいのですか？

これはビジネスのみならずスポーツにもいえることで、どのスポーツが運の割合が大きいのかを研究したデータもあります。

アメリカの代表的なプロスポーツリーグにおける運の関与率は、次のような数値で示されています（アドヴァンスト・ＮＦＬ・スタッツのブライアンベークによる研究）。

この表でわかるようにスポーツの種類によって運の関与率が違います。

〈プロスポーツリーグにおける運の関与率〉

プロスポーツリーグ	運の関与	実力
NBA （バスケットボール）	12%	88%
プレミアリーグ （サッカー）	31%	69%
メジャーリーグ （野球）	34%	66%
NFL （アメリカンフットボール）	53%	47%

――スポーツ同様にビジネスも種類（職種）によって運の関与率が違うのですか？

ビジネスなどの仕事においても運の関与率が違います。

どういった職種なのか、ビジネスの内容によって、運か実力かの割合は異なります。

ただし言えることは、「実力だけが結果に反映するとは限らない」「一生懸命やれば良い結果に繋がるとは限らない」ということ。

ところが多くの人たちは実力だけでやろうとするから上手くいかない。

その仕事、ビジネスが上手くいくには、どのくらい運が必要なのか、どのくらい自分の実力が必要なのか、そういったことを考慮する必要があります。ビジネスで成功していくためには、運と実力の影響を意識的に考えることが大切なのです。

それがビジネスで成功するための「運と実力の法則」です。

――「運と実力」の法則とは、どんな法則ですか？

実力は「見える世界」。

運というのは努力が介在しない「見えない世界」。

「結果＝実力＋運」であるのならば、その2つをアップすればビジネスで成功する可能性が高くなるはずです。

――確かに実力も運も両方アップすれば成功する確率は上がりますね。

では、どうすれば運と実力をアップすることができるのか。

ここで「運と実力の土台をつくる5つの条件」をご紹介しましょう。

1 「違いを強さにする」
2 「ダルマを仕事の軸にする」
3 「仕事の能力は人脈が決める」
4 「他の人の成功に協力する」
5 「人を巻き込んで仕事をする」

この5つを実践することで、ビジネス運と実力をアップすることに繋がります。

――5つの条件についてそれぞれ教えてください。

1【違いを強さにする】

20世紀の価値観は「人と同じ」が基本でしたが、21世紀は「人と違う」ことが強さになります。

「違い」とは実力。

「違いを強さにする」とは、ひと言でいえば「突破力がある」ということ。

ビジネスを成功に導くためには、人と違う突破力が必要です。

たとえば何か困難な状態に直面したときに、その難局面を突破する力が必要になるように、一つのビジネスを成し遂げるためには突破力を持っていることが要求されます。

それはつまり、その人の持つ実力ということです。

これからの時代にビジネスで成功するためには「違い」こそ最も重要になるでしょう。

――「違い」とはビジネスを成功へと導く突破力であり、その人の持つ実力なのですね。

2【ダルマを仕事の軸にする】

苦しんで仕事をすることで脳は委縮し、脳力低下へと向かっていきます。

ダルマは脳力を高め、人を成長させてくれます。

ダルマを仕事の軸にすることで、自分の中に軸がしっかりできることで強い意志ができます。その強い意志がビジネスを成功させる突破力となります。

——自分の中にしっかりとした軸を持つこともビジネスを成功させるために必要なのですね。

さらにダルマを軸にすることで、時代の先を見通す〝先見力〟も身につきます。

これからの時代、今まで以上にビジネスで重要なのは先見力。

先がどのくらい読めるのか、先を読んだうえで先手を打たなければビジネスは上手くいきません。

ダルマを軸にして経済の流れを先取りすることで、ビジネスを成功に導くことができるようになります。

——ダルマの真理を学ぶことで先見力もアップするのですね。

3【仕事の能力は人脈が決める】

「自分に何ができるのか」ではなく、「どんな人に囲まれているのか」で仕事の能力は決まってしまいます。

つまり自分のまわりにいる人が自分の可能性を高めてくれるということ。

ダルマを軸に仕事をしている人は、徳分を積むことで見えない資産が増えることによって、自分のまわりに運の良い人と徳のある人が自然に集まってくるようになります。

そうした良い人脈は経営資源となり、ビジネスの成功に大きな力となります。

仕事のできる人、運と徳分のある人に囲まれてビジネスすれば、それだけで成功する可能性は高くなります。

――〝仕事のできる人〟はわかりますが、〝運と徳分のある人〟はどうやって見分けることができますか？

徳がない人は基本的には自分のことしか考えていません。

自分の欲ばかり追いかけている人。

そういう人が社長の会社は、社員は社畜扱いで使い捨てられたり、訴訟などのトラブルも多いものです。それは運と徳分がない会社。

徳分のある人は、まわりから一目置かれている人。

「この人の言うことなら聞くよ」という人。

それも権力を使って言うことを聞かせるのではなく、その人の人柄、人徳から一目置かれている人。それは徳分があるということ。

徳分があるかどうかは、その人と接していればわかります。

――言われてみれば、その人と接していれば「この人はどういう人なのか」わかりますね。

ひと言でいえば「人徳がある人」が運と徳分のある人。

自分のまわりにどんな人がいるのか。

出会い運を〝人脈運〟に変えることこそ、最強の運力となります。

――つまり良い人と出会うことで良い人脈をつくるということですね。

4【他の人の成功に協力する】

他の人の成功に協力するとは、人に与える、つまりＧＩＶＥするということ。

たとえば自分の人脈を他の人に分かち合うことで、その人の成功に協力することもＧＩＶＥすること。

そのような人は、自分の成功も引き上げられていきます。

人の橋渡しが上手い人は、開運も早いものです。

逆に利害関係だけで近くに寄ってくる人からは離れることが肝心です。

――自分の利害関係だけを考えて動くような人とは、たとえどんなに良いビジネス話があったとしても、つき合ってはいけないのですね。

5 【人を巻き込んで仕事をする】

ビジネスで成功するためには人を巻き込む〝巻き込み力〟が必要になります。自分だけの力に頼るのではなく、他の人たちの協力を得ないとできないことも多いものです。

人を巻き込まないと良い情報も回ってきません。

――〝人を巻き込む〟とは具体的にはどういう意味でしょう？

人を巻き込んで仕事をするとは「チームで仕事をしましょう」ということ。

一人で頑張ろうとしてはいけません。

ビジネスが成功するためには同じ未来を描いている者同士がチームをつくり、一緒に利益も分かち合い、協力して活動することで強運を呼びます。

――ビジネスで成功するためには、どういう人がチームに必要ですか？

・「マーケティングのできる人」
・「ブランディングのできる人」
・「新しい流れをつくれる人」
・「人と繋がりをつくれる人」
・「運と徳のある人」

これらの人たちがビジネスを成功に導くためにチームに必要な人たちです。

――こうした人たちをビジネスに〝巻き込む〟と成功する確率がアップするのですね。

ビジネスが成功するためには「先見力」「巻き込み力」「突破力」が必要となります。

ビジネスをするうえでは困難な問題がたくさん出てきます。

ビジネスに限らず、生きていれば困難なことに直面します。

突破力があれば困難を乗り越えることができます。

突破力は、先見力と巻き込み力がないと生まれません。

「先見力、巻き込み力、突破力」

この3つがビジネスを成功するための運と実力の土台となるものです。


――「先見力、巻き込み力、突破力」の3つがビジネスの成功に繋がるのですね。


ビジネスを成功するためには「運と実力」が必要です。

実力（能力）だけでなく、最終的には運と徳がないとビジネスは上手くいきません。

「先見力、巻き込み力、突破力」の3つが揃ったときに、より良い成果が出るのです。

A.『ビジネスを成功するためには「実力＋運」が必要。「先見力、巻き込み力、突破力」の3つが運と実力の土台となる。ダルマを仕事の軸にすることで運と実力を身につけることができる』

成功＝「実力＋運＋見えない世界の力」ブッダの経済学で重要な3つの要素

Q. ビジネス運を良くするにはどうすればいいでしょうか？

運を良くするためには、「運とは何か？」ということを知らなければなりません。

運の中身は、わかりやすくいうと「徳分」です。

「運＝徳分」

徳を積めば積むほど運が良くなります。

――つまり運を良くするためには徳分を増やせばいいのですね？

徳分があるから運が良い。

徳分がないから運が悪い。

「運＝徳」

「不運＝カルマ」

これがダルマの『カルマと徳分の法則』。

カルマはやがて悪いことが自分の身に降りかかり、徳分はやがて良いことが自分に返ってくる。つまり徳分が多ければ多いほど運も良くなるということです。


――「運が良い」とはただの〝ラッキー〟ではないのですね。


ただの〝ラッキー〟ではありません。

運が良いか悪いかは、徳分が多いか少ないかです。


――徳分を多くするにはどうすればいいのでしょうか？


ひと言でいえば「良いことをする」。

ただし「良いこと」とは、人間社会の基準ではなく、ダルマにもとづいた「善いこと」。

わかりやすくいえば、「自分のためではなく、人や社会に役立つことをする」ということ。それは「他者への貢献」です。

ビジネスでも仕事でも、自分の利益追求が目的ではなく、他者のため、社会に役立つために行うことで、徳分が増えて運も良くなります。

——他者への貢献が〝ビジネス運〟をアップさせるのですね。

カナダの心理学者ラリー・ウォーカーとジェレミー・フライナーが「大きな成功を収めている人々の原動力」を調査した研究があります。

被験者の第1グループは「大きな成功を収めている人で地域社会への支援や人道活動に貢献している人たち」25名。第2グループは「その人たちと性別、年齢、人種、学歴などの条件は同じ普通の人たち」25名。

つまり成功している人たちと、普通の人たち、それぞれ25名ずつに対して、「①自己利益追求②他者利益追求をそれぞれどの程度抱いているか」を評価したのです。

——「自己利益追求」「他者利益追求」とは何でしょうか？

「自己利益追求」とは自分のための利益を追求すること。つまり実力です。

「他者利益追求」とは人の役に立とうと努めること。つまり他者への貢献です。

その結果、大きな成功を収めている人々は、普通の人々に比べて「他者利益追求」の動機が2倍となり、それが成功の原動力だということがわかりました。

――つまり「他者への貢献」が成功の原動力になっているのですね。

それでいて自己犠牲ではなく自己利益も追求しているということもわかりました。つまり他者を思いやることを優先しながらも自己の利益を確立しているということ。まさにこれは運（徳分）と実力（自己利益追求）のある人が大きな成功を収めているということの証明です。

ただし、この2つ以外にもう一つ、ビジネスの成功に影響を及ぼす大きな要素があります。

――〝もう一つの大きな要素〟とは何ですか？

〝見えない世界の力〟〝ティップの世界の力〟です。ビジネスの成功には、見えない力も介在しています。

――〝見えない力〟とは何のことでしょう？

見えない世界にいるスピリッツ（精霊）や神々といった神聖な存在の力、自然界に潜んでいる様々なパワーといった〝見えない影響力〟です。
見えない世界のことを「ティップ」といいますが、実力や運以外にもティップの力が関係しています。

――ビジネスの成功に〝見えない力〟が関係するとは聞いたことがありません。

一般の経済学は「本人の才能・能力を活かして時代に合ったビジネスを一生懸命に努力して行えば成功する」と教えています。
しかしブッダの経済学はそうではありません。
ブッダの経済学において必要なのは、人間の努力や才能、運以外に、その場所を支配しているスピリッツや神々など、その人に影響を与える〝目に見えない存在〟が関与していることを考慮することです。

――〝見えない存在〟の影響を考えることもビジネスをするうえでは必要なのですか？

一般の経済学でも一時的には成功するかもしれません。

しかしそれだけでは長続きしません。

長続きするため、永続的な成功を得るためには、徳分や祈りという目に見えない力の関与を知る必要があります。

このことを考慮することが、ブッダの経済学では重要なポイントなのです。

つまり成功するためには、3つの要素が重要だということ。


『成功＝実力（才能・能力）＋運（徳分）＋見えない世界（ティップ）の力』

この3つを高めることがビジネスを成功に導くことになります。

――神聖な存在の見えない力を得るためには何をすればいいのでしょうか？


徳分を積んだだけでは得ることはできません。

徳分を与えることです。

自分が積んだ徳分をスピリッツや神々といった神聖な存在、見えない世界に捧げることで彼らは協力してくれます。徳分を捧げると神聖な存在は「バラミー（神聖な存在の影響力）」という形でパワーを与えてくれます。

――神聖な存在（見えない世界）にはどうすれば徳分を捧げることができますか？

瞑想し、そして祈りましょう。

瞑想することは徳を積むことになります。

その徳分を捧げるためには祈ること。

祈りというのは、見えない世界にいる神々やスピリッツに対して行っているのです。

その祈る力が、見えない世界のパワー、神聖な存在の協力を得ることに繋がります。

――祈るといっても、どのように祈ればいいのでしょうか？

手を合わせて祈ってください。

「私の徳分をお捧げします。その徳分により●●●●が上手くいくようにお計らいください」

まずは自分の徳分を捧げてから、自分の願いを伝えてください。
祈りというのは、スピリッツや神々に徳分を捧げるために祈る。
願いというのは、自分のために願う。
祈りと願いは違います。合わせると「祈願」になります。

――祈りを捧げるのはどこでもいいのですか？ 特別な場所が必要ですか？

大きい会社に行くと屋上に神社が祀られていたり、会社の中に神棚が祀られていたりするように、できれば自宅でも神棚の前で瞑想し、祈りを捧げることが望ましいでしょう。

神棚がなければ、お札を置いておくのでもいい。お札を置く場所をつくって、その前で手を合わせて祈ってください。

しかし、神棚に入っているのは神ではなく、スピリッツです。
神とスピリッツは違います。

――お札はどこのお札でもいいのですか？

パワーのある寺院のお札のほうがいい。

その土地の〝氏神様（スピリッツ）〟をお祀りしている寺院や、聖地にある寺院のお札がいいでしょう。観光客の多い、いわゆる観光寺は人間の欲望が多く集まっていてバッドスピリッツ（悪い精霊）が多いので、お札にもバッドエナジー（悪いパワー）が入り込むので避けたほうがいい。

一般の神社やお寺にはアータンがありません。「アータン」とは神聖な存在が放つパワーがアータンです。パワーストーンにはアータンが入っていません。

願いが叶って良い結果が出たら、力を貸してくれた寺院に寄進したり、お供えを持って行ったりして感謝を捧げてください。

またスピリッツには得意なこと苦手なことがあり、オールマイティではありません。神も全知全能ではありません。岐阜県養老、阿遮羅寺院の武将（スピリッツ）は「契約・不動産・裁判・選挙・ビジネス取引・受験など、勝ち負けに関わることや病気・メンタル病などを叶えることは得意ですが、恋愛などは自分はできない」と言っています。

――毎日祈り、願うことで、願い事が叶うのですね？

いくら毎日願ったところで、自分に徳がなければ願いは叶いません。徳がなくても願うことはできますが、その願いを叶えるために力を貸してくれるかどうかは神々次第。特にスピリッツはスワハ（＊スワハとは供物を捧げること）をしないと力を貸してくれません。

大事なことは自分が徳分を積むこと。スワハをすること。

その徳分を見えない神聖な存在に捧げること。

徳が増えることで運が良くなるように、見えない力の協力も得ることができるようになります。

つまり成功するためには〝見えない資産〟である徳分やスワハをすることが重要だということです。

――ビジネスで成功するには実力だけではなく〝運＋見えない力〟が必要で、そのためには徳分を積んだりスワハをすることが大事だとわかりました。

一般の経済学には、祈りのこと、見えない力のことは書かれていません。
ブッダの経済学を学ぶにあたっては、ここはとても重要なところ。
ビジネスで成功するためには毎日瞑想したり、祈ることが必要です。
祈りというのは、心を穏やかにします。
心が穏やかにならないと、どんなことも上手くいきません。
ビジネスでも心が穏やかでなければ判断を誤ってしまいます。
判断を誤れば良い結果は出ません。
心を穏やかにするためにも、毎日瞑想し、そして祈ることです。

A. 『ビジネスで成功するためには「実力+運+見えない力」。ブッダの経済学では〝見えない力〟を考慮することが重要。見えない力のパワーを得るには毎日瞑想して祈ること』

正しい動機、良い心がビジネスを成功に導く

”Q．誰もがビジネスや仕事で成功したいと思っているのに、
なぜ上手くいかないのでしょうか？
上手くいかないのは何がいけないのでしょうか？“

ビジネスや仕事について考える前に、まずは人生、生き方について考えてみましょう。
人は皆、「不幸になりたい」と思って生きている人などいません。
誰もが皆「幸せになりたい」と思って生きています。
しかしなぜか不幸になってしまう人がいる。
それはなぜでしょうか？

――カルマをつくってしまうからですか？

確かにそれは根本的な原因です。

カルマをつくるような生き方をしていれば不幸になってしまいます。

ではなぜカルマをつくるような生き方をしてしまうのでしょう？

言い換えれば、なぜ人は〝不幸になる生き方〟をしてしまうのでしょうか？


――どのような行為がカルマをつくるのか知らないからですか？


人はなぜ不幸になる生き方をしてしまうのか。

その原因は「認識が汚れているために不幸であり続けてしまう」からです。

つまり、物事を認識するときに〝きれいな認識〟ではなく、〝汚れた認識〟をしてしまうから不幸になるのです。


――〝汚れた認識〟とはどういうものでしょう？


わかりやすく言うと「悪く思う」ということ。

物事を悪く思うから、不幸になってしまう。

つまり自分が不幸になるように物事を見ているということです。

――なぜ悪く思ってしまうのでしょうか？

物事の本質を見ずに悪く解釈してしまうことで起こります。

つまり物事の本質がわからないから。

それは〝無知〟だということです。

――無知ゆえに物事を悪く思う〝汚れた認識〟をしてしまうのですね。

人は認識し続けることで人生がつくられていきます。

清浄な認識は人生を清浄にしていきます。

きれいなもの、美しいもの、そして素晴らしい行為、こういった清浄なことを認識していくと、心はきれいになります。

逆に、汚れた認識は人生を汚していくことになります。

誰かに騙されたり、傷つけられたり、そういった汚れたことを認識していくと、恨みの感情が湧き起こり、心が汚れていきます。

――認識が汚れると心が汚れてしまうのですか？

騙されたり、傷つけられたりすることによって悪い感情が刷り込まれていき、これが自分の認識となってしまうのです。

認識が汚れていれば心も汚れて、自分自身も汚れた悪い行為を人にしてしまうことになります。

――認識が汚れると行為も汚れてしまうということですね？

たとえば平気で人を騙すような人とつき合うということは、そうした悪い人の認識を自分が認めているから氣が合うということ。

普通であれば、そういう人とは関わりたくないものです。

でも関わってしまうのは、自分の認識が汚れている証拠です。

――自分の認識が汚れているから悪い人と波長が合ってしまうのですね。

不幸な生き方をしないためには、できる限り心のきれいな人、清浄な心の人とつき合うほうがいい。

嘘つきや人を平気で騙すような人とは関わらないようにすることです。

――〝朱に交われば赤くなる〟ではないですが、心のきれいな人、清浄な心の人とつき合うことで、自分の認識もきれいになり不幸な生き方をしないで済むのですね。

人は認識し続けて生きていくことで、人生が形づくられていきます。

自分の認識が汚れたままならば、大きな問題が人生に起こります。

たとえば、学校教育は学習という形式で物事を認識していきますが、もし先生が間違った認識を教えてしまったらどうなるでしょうか。

教えられた子供たちは、間違った認識のまま大人になってしまうことになります。

これは間違った認識で正しく物事を見ることができないということ。

それは〝無知〟だということです。

――間違った認識が無知をつくりだしてしまうのですね。

無知は、カルマをつくる原因です。

あらゆるカルマは、無知からやってきます。

人間の苦しみの根本原因は、無知にあります。

——つまり汚れた認識がカルマをつくることで、人は不幸な生き方をしてしまうということですね。

無知とは、物事の本質を知らないということ。

物事の本質を知らないのですから、人生でも良い結果は出ません。

本当のことを知らずに間違ったことを正しいと認識して行動していれば、当然間違った結果しか出ません。

認識が汚れていれば、汚れた結果しか出ないということです。

——自分の認識が間違っていることに早く気づいて、正しい認識にしなければ良い人生にはならないのですね？

無知からくる認識は、自分の汚れに気づくこともありません。

「正しいか、間違っているのか」

その基準すらないのが無知なのです。

無知でいることで、どんどん人生が壊れていってしまいます。

——どうすれば無知から脱却して、正しい認識、きれいな認識ができるようになるのですか?

ダルマを学び、ダルマ基準で物事を判断することで、正しい認識ができるようになります。

このことはビジネスや仕事にも通じます。

つまり何が善なのか、何が悪なのか、このことがわからないまま行っているので、間違った選択をして上手くいかないのです。

例えるならば、無免許で車を運転して事故を起こすのと似ています。

つまり善いことか悪いことかわからないので、無意識の間に不幸な選択をしてしまい、結果的に上手くいかない、失敗することに繋がってしまうのです。

——ダルマ基準で判断するとは、具体的にはどうすればいいのでしょうか?

そのビジネスや仕事をするにあたって、まずは動機が正しいのか、きれいなのか考えてみることです。

自分でも「動機がやましいな」「汚い心だな」と思いながらやれば、誤った判断をして上手くいかないことが多いものです。

——動機が大事なのですね？

医学的にも、悪いことを考えれば考えるほど脳の機能低下が起き、良いことを考えれば考えるほど脳がより活性化することが研究によって発表されています。

ビジネスや仕事でも、自分がやろうとしていることが人の助けになったり、社会の役に立つことであれば、そのことで喜びを感じることで脳が活性化し、正しい判断ができるようになります。

——とはいえ動機がやましくてもビジネスが上手くいく、つまり儲かる場合もありますよね？

たとえ上手くいって物理的には良い結果を得たとしても、精神的にはカルマとして心の中に記憶が残ってしまうので、次の判断が誤るようになります。

表面的なお金とか表面的に見える成功といったものだけを獲得しようとすると、自分の心を失っていきます。

心を失えば失うほど判断を誤るようになる。

目先の仕事で成功したとしても、いずれ必ず失敗します。

――わかりやすくいえば、やましい心でする仕事はたとえ上手くいったとしても、いつか失敗するということですね。

嘘ばかりついていれば、いずれ友達を失うのと同じ。

それがダルマにもとづく『カルマと徳分の法則』。

自業自得。因果応報。

動機が正しくないものは、いずれ必ず痛い目を見ることになります。

――良い仕事をするためにも、良い人生を生きるためにも、正しい心（動機）が大切なのですね。

良い仕事をするためには、誤った選択や判断をしないこと。

誤った選択や判断をしないためには、正しい動機、良い心で行うこと。

表面的な利益、表面的な成功にとらわれて心を失ってはいけません。

正しい動機、良い心で行うことで、ビジネスや仕事でも正しい選択、正しい判断ができるようになり、良い結果に繋がるのです。

A．『仕事やビジネスが上手くいかないのは誤った判断をしてしまうから。それは自分の心がきれいではないから。表面的な利益や成功を求めてはいけない。正しい動機、良い心で仕事やビジネスを行うことで良い結果に繋がる』

利益を追求するのではなく結果として利益が増えるのが正しいビジネスの在り方

Q. ビジネスで今よりもさらに利益を上げるには、どうしたらいいでしょうか？

そもそも〝利益〟を目標とするところから間違っています。

極端な例ですが、利益を目標とするならば強盗でも殺人でもやりますか？やらないでしょう。

つまり正しい仕事をして正しい利益を上げることが重要。

正しい仕事をすることで、より多くの正しい利益を上げることを目標とするならば問題ありません。

——正しい仕事、正しい利益とはどういう仕事、どういう利益のことでしょうか？

ブッダは仕事についてこう言っています。

『職業、仕事は、他人を助ける行為である』

正しい仕事、正しい利益とは、自分たちのやっている仕事が社会にどう役立っているのかということです。

自分たちのやっている仕事やビジネスが人や社会の役に立つ事業であれば、それは〝正しい仕事〟であり、その結果得た利益は〝正しい利益〟です。

——つまり利益が先に来る〝利益が目標〟ではいけないということですね？

一番大事なのは〝動機〟です。まずは自分の動機を見ることです。

動機を知るには「お金が儲かったら何に使いたいか？」ということを考えてみてください。

ギャンブルに使いたいのか、酒を飲みたいのか、いい車に乗りたいのか、贅沢したいのか、異性と遊びたいのか。

そうしたことのために利益を上げたいのだとしたら動機が間違っています。

――**利益を考える前にまず動機が大切なのですね。**

動機を考えることで自分の間違った考えに気づき、正しい考え方が見つかります。

「自分の仕事は社会に必要だから頑張ろう」と。

それがわかれば「利益を上げたい」という利益優先の目標にはしなくなります。

――**「正しい利益は正しい動機から」ということですね。**

そもそも事業というのは金儲けが目的ではなくて、本来は社会の役に立つことで会社の成長、自分の成長、社員の成長が目的のはずです。

その本来の目的を忘れてはいけません。

〝成長することで成功する〟が正しい在り方です。

――仕事の目的は成長することなのですか？

仕事というのは、仕事を通して自分が成長するためのアイテムです。

アイテムというと少し変に感じるかもしれませんが、仕事という乗り物に乗って、より高い次元に成長するためのものです。

――自分が成長しないものは仕事ではないのですね？

現代社会は生活するためにお金が必要です。そのお金を稼ぐものがすべて仕事だとすれば、お金を盗むことも奪うことも〝仕事〟になってしまいます。

果たしてそれは〝仕事〟でしょうか。

盗んだり奪ったりすることで人間として成長するでしょうか。

盗んだり奪ったりする行為はカルマになります。

決して人を成長させることはありません。

だから仕事ではない。

――自分を成長させる正しい仕事で利益を得ることが正しいのですね。

仕事をして稼ぐことが悪いことではありません。

稼いで自分が成長しないということが一番の問題です。

稼ぐことと成長すること、その両方があるのが仕事に対する正しい考え方です。

――つまり利益というのは自分たちが成長した結果ついてくるものなのですね？

〝成功＝利益〟だとするならば、成長することで利益が増える、成長することで成功するやり方で行いなさいということです。

もしそのやり方で利益が増えないとしても、それ以上利益を増やそうなどと思わないことです。それが自分にあった器の大きさ。

無理をしてでもそれ以上増やそうとすれば、器から溢れてしまいます。そうなると、たいていはお金の使い方を間違えます。

その結果、間違った人生を歩むことになる。

無理して利益を増やそうなどと思わずに、自分の器に合ったお金であればいい。

――とはいえ、「今よりもっと儲けて稼ぎたい」と思うのも仕方がないように思えます。

お金は血液のように流れていれば健康です。

貯め込むことで健康になるわけではありません。

利益を上げてお金を増やすことはいいのですが、貯め込むのではなく、与えるために働く。

貯めるというのは、たくさん与えられる状態をキープするということ。

貯めるのではなく、与えるための準備。

「ここまでは会社にとっても社員にとっても必要。ここからさらに増えたら溢れる。溢れるのであれば与えましょう」

それがブッダが教える「与えることで経済が成長していく徳分経済」です。

――貯め込まずに与えることで徳分になるのですね。

利益を求めることを目的にしてはいけません。

利益を求めるのではなく、結果として利益が増える。

正しく働いて、正しい仕事をして、正しく利益を得るならばいい。
そして必要以上に利益を得たならば、貯めこんだり自分のために使うのではなく、社会のため人のためになるように使う。

——**〝自分のため〟だけに儲けようとすることは間違いなのですね。**

「どうやったら儲かりますか？」の前に「その動機は何ですか？」ということ。
ビジネスで大事なのは動機です。
動機が正しければ、どんな仕事をしても必ず誰かが助けてくれます。
ビジネスでも人生でも、大事なのは動機なのです。

A. 『利益を目的にしてはならない。成長することで成功する、成長することで利益が上がるのが正しい。何よりも大事なのは動機。動機が正しければ成功する』

ビジネスで失敗する原因は〝欲〟
欲望を減らすことでビジネスも人生も好転する

Q. 「もっと大きなビジネスをしたい」「もっと成功したい」と思っています。ビジネスで欲を持つことはいけないのでしょうか？

人は「もっと欲しい」「もっと成功したい」という欲があると〝執着〟を生みます。
物事に執着すればするほど、苦しみが生まれます。
つまり執着が苦しみをつくり出す原因となっているのです。
――つまりビジネスでも欲を出すと苦しむことになるのでしょうか？
人はなぜ苦しむのか？

その原因は自分にあります。

本来苦しまなくてもいいものなのに、自分の欲望が苦しみをつくり出しているのです。

――「もっと成功したい」と欲を持つことはいけないのですか？

ブッダの教えに『欲望経』という経典があります。

『感覚的快楽を求める人は、それが満たされれば欲するものを得て心喜ぶ。

感覚的快楽を貪り、求める人は、快楽が少なくなると矢に射られたように悩み苦しむ。

よく気をつけて蛇の頭を踏まないように、諸々の欲望を回避する人は、この世での執着を断ち切る』

欲しいものが手に入れば、その欲望が満たされたことで喜び、欲しい物が手に入らなければ苦しむ。

つまり欲望を達成すれば喜び、達成できなければ苦しむということ。

それが感覚的快楽。

そうした感覚的快楽にとらわれないことで執着を断ち切ることができる。

執着を断ち切れば、苦しみもなくなる。

「もっともっと」と求めれば求めるだけ執着が強くなるので、自分の欲に苦しめられることになるのです。


——確かに「成功したい」という欲が強い人のほうが、自分の思うようにいかないときは苦しむことになりますよね。


『田畑、宅地、黄金、牛馬、使用人、異性など諸々の感覚的快楽を貪り求めれば煩悩に圧倒され、災難にみまわれ、壊れた船に水が染み込むように苦しみが入り込む。

それゆえに注意して欲望を回避せよ。

浸水した船の水を汲み出すように、欲望を捨てたり、激流を渡って向こう岸に至れ』

欲望をどんどん求めれば、船に水が入ってきてやがて自分は沈没してしまいます。沈没しないためには、入ってきた水を外へ出さないといけない。それがまさに「欲望を放棄せよ」ということです。

苦しみが入ってくるならば、その原因は欲望なのだから、欲望を減らせということ。土地、お金、車、異性…こういった感覚的な快楽を求めて、欲望が増えれば増えるほど、「自分という船は沈んでしまいますよ」ということをブッダは『欲望経』で教えています。

――言われてみれば、お金、土地といった財産、異性問題でトラブルになるケースは多いですよね。

だいたいみんな、これで失敗します。

政治家もお金と異性でスキャンダルになったりすることが多い。ビジネスマンもお金や異性が絡んだトラブルで失敗することが多いものです。

それらはすべて欲望が原因。

自分の欲望によって自分が苦しめられているのです。

――自分が沈んでしまうほどの欲は持つな、つまり〝強欲〟ではいけないということですね？

欲望で満たされてしまえば、自分が沈没してしまう。

欲望を減らすことで、自分自身を軽くすることができる。

欲望を回避していくことで、執着が減っていく。

執着が減れば、苦しみも減る。

苦しみの原因は、すべて欲望にあるのです。

――つまり欲望をなくせば執着もなくなり、苦しむこともないということですか？

苦しみをなくしたければ、執着をなくすことです。

執着をなくせば、悩みもなくなります。

たとえばビジネスに対する悩みは、ビジネスに対する執着から生まれます。

「もっと大きなビジネスをしたいのにできない」

「もっといい役職に就きたいのに就けない」

「もっと契約を取りたいのに取れない」

これらの悩みは、すべてビジネスに対する執着が原因です。

ビジネスに対する執着がなくなれば、自然にこうした悩みもなくなります。

——**確かにビジネスに対する執着がなくなれば、そうした悩みもなくなりますね。**

たとえば女性が「年を取りたくない」「老けたくない」と思うのは、身体に対する執着です。

「もっと若くいたい」「若いときに戻りたい」という若さに対する欲が悩みをつくり、苦しみを生み出しています。

「いつまでも若く美しくいたい」ということに執着してはいけません。

若さに対する執着を持たず、老化を遅らせ美しくいる努力をすればいい。

つまり〝執着なき努力〟をすればいいのです。

――〝執着なき努力〟とはどういう努力でしょうか？

たとえばビジネスであれば「契約できるように努力します。その結果、契約できてもできなくても、それが最善結果と受け入れます」と素直に受け止めること。

これが「最善結果到来」です。

結果に執着せずに努力する〝執着なき努力〟が正しい。

――「結果を気にせず努力する」ということですね。

結果にこだわってはいけません。

こだわることは執着すること。

執着は苦しみを生みます。

執着は、強力なマイナスのカルマパワーを持っています。

執着が強くなればなるほど、悩みや不安は増大していきます。

執着が強くなればなるほど、不幸な人生になっていきます。

悩みや苦しみや不安をなくすためには、執着を離れなければいけません。

執着しなければ、苦しみはどんどんなくなっていきます。

執着を捨てることで、明るく前向きな性格になれます。

執着を捨てれば捨てるほど、仕事も人生も上手くいきます。

執着を捨てれば捨てるほど、人間は成長していきます。


――執着とはそれほど大きなマイナスパワーを秘めているのですね。


結果を受け入れることが執着を離れる方法です。

ビジネスであれば上手くいくかどうか、契約できるかどうか、結果に目を向けるのではなく、その過程に目を向けて一生懸命努力すればいい。

その結果は良くても悪くても受け入れる。

それが「最善結果到来」。


――「最善結果到来」についてもう少し教えてください。


「最善結果到来」とは、「叶っても叶わなくてもどちらでもいいです」ということ。

そういう祈り方が「最善結果到来」。

現実的にも「最善結果到来」という祈り方のほうが良い結果が出ているという研究データもあります。

――**結果にこだわると、むしろ良い結果にならないのですね。**

「どうしても叶えてください」というのは執着です。

執着はカルマとなり、悪い結果を引き寄せます。

一生懸命努力して、あとは最善結果到来。

「良い結果でも悪い結果でも受け入れます」という気持ちでいる人は心が穏やかでいられます。

――**結果を素直に受け入れることが大事なのですね。**

「一生懸命やります。その結果、契約になってもならなくてもどちらでも受け入れます」

ビジネスでもその姿勢が大事です。

もしも上手くいかなかったとしても、結果を受け入れた人は「何がいけなかったのか？何が足りなかったのか？」と、そこで改善が起こります。

いつまでも結果にこだわり「何でダメだったんだ。どうしてなんだ」と、ただ後悔しているだけの人は、結果を受け入れずに拒絶しているので改善が起こりません。

――**結果を受け入れることが次に繋がるのですね。**

結果を受け入れてしまえば「ああこうだったのか。こうすれば良かった」と気づくことができます。

受け入れなければ気づきません。

結果に執着していては成長することができません。

素直に結果を聞き入れて受け入れることが成長に繋がります。

――**執着を捨てることで人間は成長するのですね。**

現代人の多くの悩みの原因は〝結果に執着すること〟によって起こります。

現状に対する結果だけを求めてしまうと、人は幸せにはなれません。

結果にのみに執着すれば、人は不幸になります。

執着は次のカルマをつくり、人を苦しめる原因となります。

大事なことは「最善結果到来」です。

結果に執着せずに「どんな結果でも、それが最善の結果だと受け入れます」という姿勢です。

——結果に執着せずに「最善結果到来」と素直に受け入れるのですね。

お金に執着する人は、お金の悩みがなくならない。

仕事に執着する人は、仕事の悩みがなくならない。

お金があっても仕事が上手くいっていても、執着があれば苦しみが生まれるだけ。

苦しみをなくすには、執着をなくすことです。

「もっともっと」と必要以上の欲は持ってはいけません。

——必要以上の欲は自分を苦しめるのですね。

ブッダは「欲望に注意しなさい」と言っています。

「失敗するとすれば、欲望によって失敗しますよ」と。

いらないものを捨てて断捨離するとスッキリするのと同じように、欲望も少し断捨離したほうがいい。

わかりやすくいえば「欲望はほどほどにしなさい」ということ。

――ビジネスも人生も〝ほとほど〟がいいのですね。

たくさん持てば持つほど重くなって苦しくなるように、欲望で一杯になればいずれ自分の人生を失うことになります。

欲望を減らすことで、ビジネスも人生も、苦しみのない幸せな道を歩むことができるようになるのです。

A.『必要以上の欲は自分を苦しめることになる。欲望を減らすことでビジネスも人生も好転していく。欲望はほどほどにしたほうがいい』

コラム 3

ブッダの経済学におけるビジネスマナーの基本は〝合掌〟

手を合わせる行為の意味と目的

仏様を拝むときや神社仏閣にお参りするときには手を合わせて合掌しますが、手を合わせるという行為には、どんな意味があるのでしょうか。

実はそこには深い意味があります。その意味がわかると、手を合わせるときに今までには感じていなかったスイッチが入ります。

手を合わせるという行為には〝敬意を表する〟という意味があります。

神社仏閣では手を合わせる、お墓の前で手を合わせる。

そこには「仏様やご先祖様に敬意を表する」という意味合いが込められています。

タイやミャンマーといった本来の仏教が伝わっている国では、挨拶するときに合掌します。

これも「相手に敬意を表する」という意味もあります。

日本ではお辞儀です。相手に失礼のないようにお辞儀をする。

これも相手に敬意を表していることになるでしょう。

一方、西洋では挨拶のときに握手する人が多くいます。

これは相手に敬意を表するというよりも、相手と対等な立場で「お互いに仲良く上手くやろうぜ」という意味合いがあるように思います。

挨拶の仕方一つとっても、東洋人と西洋人の根本的な意識の違いが表れているのでしょう。

では相手に敬意を表すること以外に手を合わせる意味は何でしょうか？

合掌する、手を合わせるということは、〝心を合わせる〟ということです。

〝心を合わせる〟というのはどういうことか。

心を合わせることで〝自分の自我を押さえることができる〟ということです。

試しに手を合わせて怒ってみてください。

手を合わせたら怒りにくいでしょう。

両手を合わせて合掌しながら怒るのは難しいものです。

合掌した状態で〝怒り〟という感情が湧くかというと湧かないものです。

手を合わせることで怒りにくくなる。

つまり両手を合わせることで、自我（エゴ）を管理することができるようになるのです。

手は人間の脳、思考と直接繋がっています。

手を合わせることで自分の思考、感情を落ち着かせることができます。

合掌することで、心が集中して落ち着くことができるのです。

「手を合わせる＝心を合わせる＝感情をコントロールできるようになる」

心を合わせることで、自分のエゴや欲望をコントロールすることができるようになる。手を合わせることで、理性が出てくる。

これが合掌する目的です。

毎日必ず合掌する習慣をつける

自我（エゴ）は欲望を生み、欲望はカルマをつくります。

良い人生を生きるためには自我を管理すること、自分の感情をコントロールすること、それが必要です。

しかし現代社会では日常生活の中で手を合わせる機会があまりありません。

これでは自分の感情をコントロールできない人が増えてしまうのも当然です。

一日の中で合掌という瞬間をつくると、次第に自我を管理できる人間になっていきます。

わかりやすくいえば、手を合わせることで心がきれいになります。

心は言動や行動を支配しています。

心が汚ければ、出てくる言葉も汚い。

心がきれいであれば、言動や行動も正しくなる。

手を合わせて悪いことは言いにくい。手を合わせて悪いことはやりにくい。

つまり自分の中の自我（エゴ）や悪い感情をコントロールする力が手を合わせることによって生まれるのです。

合掌の意味を理解すれば、いかに手を合わせることが大切かわかると思います。

子供でも小さいうちから手を合わせる子に育てていくことで、感情をコントロールできるようになります。

ところが現代の子供たちは、手を合わせることを教えられていません。

今と違って昔は家に大きい仏壇があって手を合わせることが自然でした。

しかし今は家に仏壇も神棚もなくて、手を合わせる場所自体がない。

子供だけではなくて、大人も日常生活の中で手を合わせる機会がありません。

これでは自分の感情をコントロールできない人が増えてしまうのも当然です。

毎日必ず合掌する習慣をつけたほうがいい。

たとえば会社でも、まず朝の時間に社員の人たちがみんな手を合わせるようになれば、あまりイライラしたり怒ったりしなくなって、その会社は上手くいくようになるでしょう。

手を合わせることで心が落ち着き、自分の思考、感情をコントロールできるので、集中してビジネスや仕事に取り組むことができるようになります。

手を合わせることが最高のビジネスパフォーマンスに繋がる

手を合わせることとは、ビジネスにも大いに関係があります。

挨拶のときに相手の前で手を合わせることで、自分の心を相手の心に合わせることができるようになります。

相手と心を合わせるとは、相手の心と繋がるということ。

心が繋がることで、相手を理解することに繋がります。

心が曇っていれば、それが障害となって太陽の光が直接地面まで届きません。

しかし心に曇りがなく澄んだ青空であれば、障害がないので太陽の光は直接地面まで届きます。

手を合わせるとは、この〝雲〟が切れていくということ。

暗い心や汚れた心、自分勝手な心やネガティブな心によって、光が差し込むのを遮られてしまいます。

しかし手を合わせることで心がきれいになって、光を遮っていた雲がやがて晴れていくことになる。

そうすると自分の心の視界が開けることで相手と心が繋がり、相手の本心が見えるようになっていくのです。

相手を理解する力のない人が、その相手と協力してビジネスを上手くやることができるでしょうか。

おそらく上手くいきません。

相手のことを理解していないのだから、意思疎通が上手くいかずに誤解や行き違いが生じて仕事にも支障をきたすケースが出てくるでしょう。

たとえば社内でも、仕事をするうえでは上司が部下を上手に動かさないといけません。

それには心を合わせる必要がある。

心を合わせればお互いを理解する力が生まれて仕事も上手くいくようになります。

心には、相手のために思いやる心もあれば、相手を尊敬し敬う心、相手に対して親切にする心、そういった様々な心があります。

そうした心がやがて信頼や信用に繋がっていく。


『心を繋げる＝見えない大切なものを繋げていく力』


相手と繋がりやすくなることで、相手との信頼や信用、絆といったものが強固になります。

それが「相手と心が繋がる」＝「見えない資産が増える」ということ。

そして見えない資産を大きくすることが、やがて見える資産を大きくすることに繋がっていきます。

心を合わせることがビジネスにおいても非常に重要なのです。

人は心が動くものに関心を持つものです。

だから心をとらえたビジネスは成功する。

相手と心が繋がるとビジネスも上手くいくようになる。

相手の心をとらえるためには、まず自分自身が手を合わせること。

手を合わせるということが最高のビジネスパフォーマンスに繋がっていくのです。

握手ではなく合掌するのがブッダのビジネスマナー

まずは一日のうちで手を合わせる回数を増やすことです。

人に会ったら握手よりも、自分の胸の前で手を合わせて相手を敬う。

握手するのは「上手くやろうぜ」と言ってるようなもの。

たとえば初対面で相手のことをよく理解していないのに「上手くやろうぜ」と言って握手しても、相手に警戒されたり、あるいは相手に騙されるかもしれない。

握手よりも手を合わせたほうが、相手の心を読み取り感じ取ることができます。

それがビジネスの成功にも繋がっていきます。

物理的にも相手が手を合わせていると殴りにくいもの。逆に相手が構えていると殴りやすいものです。

ビジネスの話に入る前に合掌して相手に頭を下げてからミーティングに入ったり、仕事に入ったほうがいい。そうすれば相手は攻撃的にならないし、たとえ攻めの姿勢でも攻めにくくなります。

つまり手を合わせることが最強のプロテクト（防御）であり、同時に相手の心に入る方法だということです。

ビジネスの場では手を合わせることを実践してください。

相手に対して手を合わせて、尊敬と敬意を表すこと。

相手と心が繋がってからビジネスに入ること。

外側でいくら「上手くやろうぜ」と言っても、信用がないのに上手くやりようがない。

まずは内側の見えない世界の〝心〟が繋がって、そこから初めて外側の〝ビジネス〟という見える世界が繋がる。

ビジネスの場では合掌してからビジネスの話に入る。

これがブッダの経済学におけるビジネスマナーの基本です。

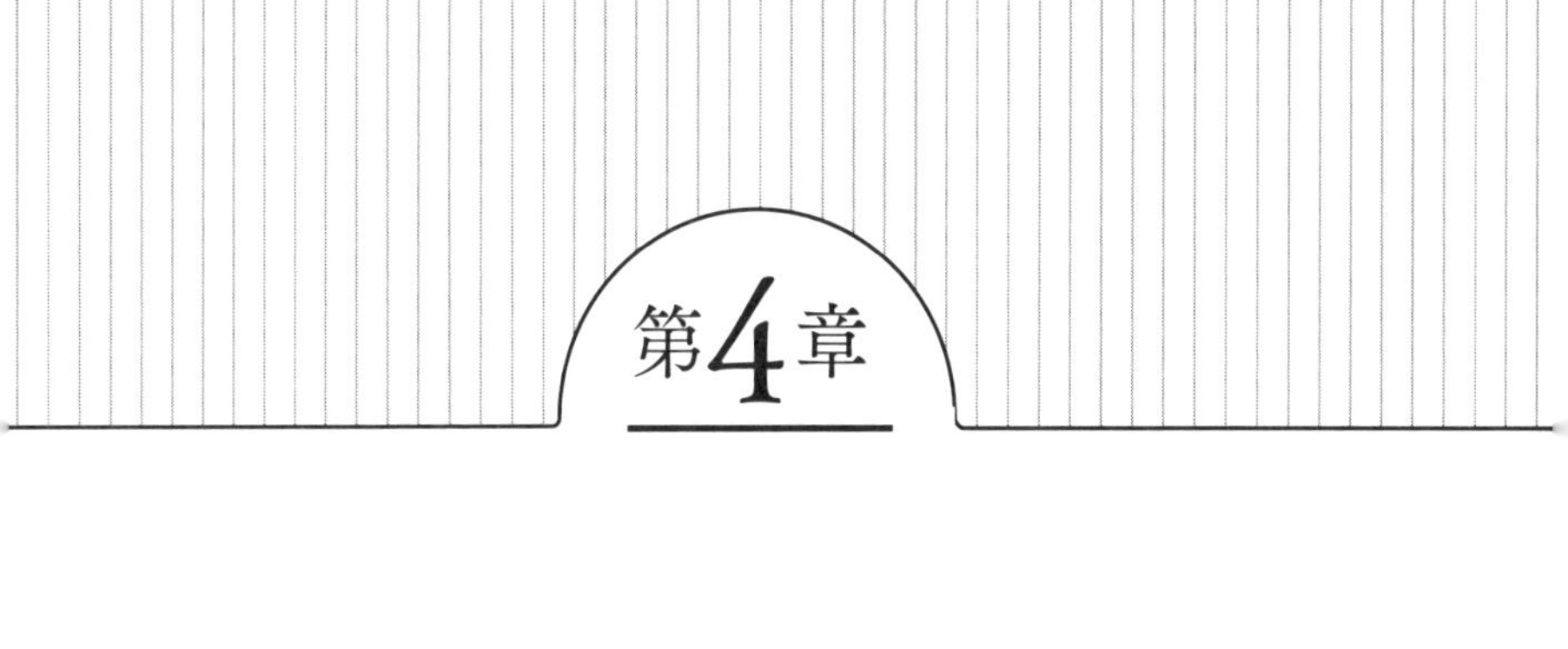

ブッダが教える
ビジネスに
必要な能力

現代を生きるビジネスマンにとって一番必要な「忍耐力」

Q. ビジネスマンにとって一番必要な能力とは何でしょう？ その能力はどうしたら獲得することができますか？

インフレが進み貧困化が進む悲惨な経済情勢、戦争や暴動などの混乱が招く社会不安。

そうした社会を取り巻く厳しい現状の下で、現代の人々の多くは悩みや不安に耐えられない精神状態にあるといえます。

――激動する現代社会に生きる私たちに必要な能力とはどのようなものでしょうか？

1「ストレスに耐える能力」
2「競争にくじけない能力」
3「自分の存在価値を高める能力」
4「いじめや批判に耐える能力」
5「正しく物事の本質を見て判断できる能力」
6「何が起こっても平静でいられる能力」
7「毎日明るく楽しく過ごせる能力」
8「くだらない誘いを断る能力」
9「人と共存、協力して生きる能力」
10「自分の生きる道を貫く能力」

現代を生きる私たちに必要な能力とは、ここに挙げた10の能力です。

――どうすればこれらの能力を身につけることができますか？

『最高の修行とは耐え忍ぶことだ』

ブッダはそう説いています。

「耐え忍ぶ」とは、世の中がどう変わろうが、心が揺らぐことなく穏やかな状態であるための訓練です。

失敗しようが成功しようが冷静でいる。

体調がどうなろうが病気になろうが冷静でいる。

耐え忍ぶことで「希望通りにはなかなかならない」ということに気づくのです。

――耐え忍ぶとは「希望通りにならない」と気づくことなのですか？

人間は自我がつくる希望によって苦しみの世界をつくっています。

希望が叶っても叶わなくても冷静にいられる人は忍耐力のある人であり、その人こそ人格が向上している人。人格が向上することで、現代社会を生きるために必要な10の能力も身につけることができます。

――耐え忍ぶとはつまり「我慢する」ことですか?

「我慢」と「忍耐」は違います。

〝理解して耐えている〟のが忍耐。

〝理解なくして耐えている〟のが我慢。

我慢でしているのか、忍耐でしているのか、大きな違いです。

――〝理解しているかいないか〟とはどういう意味でしょうか?

たとえば上司から注意される、取引先からクレームをつけられる、そういったときに「相手が何でクレームをつけているのか?」「自分は何で注意されているのか?」という理解ができているかいないかということです。

このことを理解しているのが忍耐。理解していないのが我慢。

――つまり理解しているから耐えられる、理解していないから我慢できないということですか？

たとえば仕事が上手くいかなくて注意された場合に「自分が原因のミスで上手くいかないのか」「相手が怒りっぽい人なのか」「単なる嫌がらせか」ということが理解できれば耐えられます。

「相手が怒りっぽいだけだ」と理解できれば「こんな人とまともにつき合っても仕方がない」と別に取り合わなければいいだけ。

ところが理解のない人は「どうして怒られるんだ」「何が悪いんだ」と悩んで心が折れてしまう。

それは忍耐力がない人。

――我慢ではなく忍耐が大事なのですね？

現代においては耐え忍ぶことがたくさんあります。ほとんど耐え忍ぶことばかりともいえます。現代を生きるサラリーマンやビジネスマンにとって一番必要なのは忍耐力。

ところが今は忍耐力のない人が多い。

上司から何かちょっと言われるとすぐに心が折れてしまう人もいれば、相手先からちょっとクレームをつけられただけですぐに仕事が嫌になって辞めてしまう人もいる。

こういう人たちは忍耐力が足りない。

つまり理解が足りないということ。

——理解できるかできないかで大きな違いなのですね。

ダルマを学んでいると「これはカルマ解消だ」と理解できます。

自分に悪いことが起きたときには「過去に自分がつくったカルマが自分に返ってきている。苦しむことでカルマ解消をしている」と理解しているので受け入れる姿勢が違います。

「これでカルマが減る。これに耐えればカルマ解消したことで、いずれ良いことが起こる」と苦しみに耐えることができます。

「ここさえ辛抱すれば将来良くなる」ということがわかっているのが忍耐。

わからないのが我慢。
だから我慢はいずれ爆発する。
上司に馬乗りになって殴りつけるような事件が現実で起こっているのも我慢している
から。つまり忍耐力がないから。

――忍耐力がないと我慢の限界を超えて爆発してしまうのですね。

たとえば上司にパワハラを受けたときに「何でこの人は自分に対してパワハラするのか」
を理解できれば爆発することもありません。
相手がなぜ怒っているのか理解できればできるほど、自分は冷静でいられるように
なります。「今反論してもわかる状態ではない」と冷静に判断して、相手が落ち着いた
状態のときに話をすれば、相手の受け止め方も違うので気づいてやめるかもしれない。
そして怒られても忍耐強く耐えていると、相手が抵抗してこないので、向こうも
攻撃の力が弱まります。
抵抗すればするほど相手の攻撃は強くなる。

抵抗とは相手にパワーを与えていること。

相手にパワーを与えなければ、いずれパワハラも収まっていきます。

――まさに現代を生きるビジネスマンに必要な能力ですね。

理解とは〝現状分析能力〟です。

現代社会のビジネスマンは現状分析能力を必要とします。

「相手が自分の利益のためだけに話を進めようとしているのか」

「本当に信用できる人間かどうか」

冷静に相手の本質を見極めることでビジネスを成功に導くことができます。

現状分析能力がなければ、相手の口車に乗って騙されてしまうかもしれません。

――ビジネスマンにとっても「最高の修行は耐え忍ぶこと」なのですね。

我慢は自分と他者を崩壊させます。

理解のない我慢が限界を超えると攻撃的になります。

理解して耐え忍ぶことは、自分と他者を育てることに繋がります。

ブッダの言葉通り「最高の修行は耐え忍ぶこと」なのです。

『人格を高め、人格の完成を目指して仕事をすること』

それがブッダの経済の教えです。

このブッダの教えにもとづいて毎日の仕事に取り組むことで、人格が高められ、現代社会に必要な能力を獲得することができるようになります。

A.『理解して耐えるのが忍耐。理解しないでただ耐えるのが我慢。現代社会を生きるビジネスマンには忍耐力が必要。耐え忍ぶことでビジネスを成功に導く〝現状分析能力〟を養うことができる』

相手のことがわかるためには〝自分のため〟の行動をすべてやめる

Q. 〝ビジネスや仕事で相手が何を望んでいるかわかるためには、どうしたらいいのでしょうか？〟

相手が何を望んでいるのかわからなければ、相手の要求に応えることができずにビジネスが上手く運びません。

相手にとって最高のプレゼン、最高のサービス、最高のおもてなし、こういったことができるためには相手の要求、相手の思考をいち早く把握することが必要です。

それができるようになるためには〝自分のための行動〟をすべてやめることです。

――〝自分のための行動〟をやめるとどうなるのですか？

自分のための行動をすべてやめると、いつでも相手（他者）のことばかりを考えて行動するようになります。そうすると「相手が何をして欲しいのか」をいち早く読み取り、感じ取ることができるようになります。

――自分優先にしていると相手のことがわからないのですね？

たとえば洋服店にシャツを買いに行ったのに、「こちらのスーツはいかがですか？」「こちらのネクタイがお似合いですよ」などと勧めてくる店員は、シャツを探しに来ているお客さんの欲しいものが読み取れていないのです。

相手のことが読み取れない、感じ取れないというのは、相手のためではなく自分のための行動をしているということです。

相手のことを考えていれば、相手が何を求めて店にやって来たのかを自然に読み取り感じ取ることができるようになります。

――何よりもまず相手のことを考えよということですね。

まずは自分のことを脇に置かないといけません。

「この人は自分の売りたいものを客に売りつけたいのか」と感じた途端にお客さんは引いてしまいます。それは自分が利用されているような気持ちになるからです。

特にお金を伴うビジネスでは、相手が「自分の儲けのためにこちらを利用している」と感じた途端に、まとまる話もまとまりません。

――それが人間心理というものですね。

まずは自分のための行動をすべてやめること。

相手のためを思って行動すること。

この2つがビジネスで成功するためには大事です。

――〝自分のため〟をやめて〝相手のため〟に行動するのですね。

自分が儲けるために相手を利用してはいけません。

この〝自分のため〟のことを「サカヤティィッティ」といいます。

「自分のため」「自分が」というサカヤティィッティをやめて、相手の身になって考えることです。

――サカヤティッティをやめるにはどうすればいいでしょうか？

サカヤティッティをやめるには、「目的はどんな目的なのか？」「その動機はどこにあるのか？」を考えてみることです。

この動機がとても重要。

お客さんに貢献したいのか、会社に貢献したいのか、あるいは社会に貢献したいのか、誰のために頑張りたいのか、自分がその仕事をする動機をまず考えてみる。

そのうえで「だからこうしたいんだ」という最終的に〝何が目的でしようとするのか〟を考えてみることです。

――〝自分のため〟という動機ではいけないのですね？

様々な業界の20万人の労働者を対象にした、あるメタ分析によると「自分の仕事は人々の役に立つ」と考えると、仕事の質が上がることが判明しました。

つまり自分のためというサカヤティッティを捨てて、「誰かのため」「社会のため」と考えることで仕事の成果が上がるということです。

――サカヤティッティを捨てると仕事の質も向上するのですね。

「この仕事こそ、自分が社会や人に対して成すべき貢献だ」

このような目的を自分が行っているビジネスや仕事に見出すこと。

ビジネスや仕事で成功するためには、この目的を見つけることが大事です。

――ビジネスで成功するには動機と目的が大事なのですね。

「自分のため」というサカヤティッティを捨てること。

「誰かのため」「社会のため」と考えること。

自分のための行動をやめて相手優先にすることが、ビジネスを成功へと導くのです。

A.『〝自分のため〟をやめて〝相手のため〟を考えること。サカヤティッティを捨てることがビジネスを成功へと導く』

成功を望むのではなく
成長を望むことが成功に繋がる

Q. 経済的に成功して幸福な生活を手に入れるためには、何をすべきでしょうか？

まずお聞きしたいのは、「経済的に成功して幸福な生活を手に入れたい」とは、〝お金持ちになりたい〟のか〝幸福になりたい〟のか、そのどちらなのかということです。

――**お金持ちになることで幸せな生活も手に入れられるのではないですか？**

お金持ちになるということは〝多くを獲得する〟ということです。

多くを獲得することは、現在の金融資本主義社会では〝経済的な成功〟かもしれませんが、それで幸福になれるかというと、それはまったく別問題です。

——経済的に成功すれば幸福になれるわけではないのですね？

「成功したら幸福になれる」と西洋の成功哲学は教えてきました。

しかしブッダの成功哲学はそうではありません。

「成功すれば幸福になれる」と考えるのは間違いです。

——それはなぜでしょうか？

むしろ人は獲得すればするほど苦悩が生まれます。

それは「もっともっと」とお金や成功に対する執着が生まれるからです。

執着はカルマとなり、カルマはいずれ悪いこととして自分自身に返ってきます。

つまりお金持ちになって経済的な成功を手に入れたところで、カルマが多ければ不幸な人生を生きることになってしまうのです。

——ブッダの成功哲学ではどうなのですか？

幸福感の高い人が成功する確率が上がる。

幸福感の高いことで成功へと向う。

これがブッダの経済学。

――幸福感の高い人というのはどういう人のことですか？

ここでいう幸福感とは「充実感」といってもいいでしょう。

自分の行っているビジネスや仕事に対して充実感を感じている人は成功する確率が高くなる。

先ほど挙げた「〝自分の仕事は人々の役に立つ〟と考えると、仕事の質が上がる」というメタ分析のデータにもあるように、充実している人こそ仕事の質が上がり成功する確率が高い。より成功に近づくことができる。

成功することで幸福になるのではなく、幸福な人が成功するのです。

――〝成功するから幸福〟ではなく〝幸福な人が成功する〟のですね。

フロリダ大学のチームの調査によれば、次のような結果が報告されています。

『幸せを感じることの多い人は、お金を稼ぐチャンスに恵まれる傾向にある』

幸せを感じることが多くなれば、財運が到来するということ。

つまり幸せを感じることが多い人のほうが、結果的にはお金にも恵まれるということです。

——つまり成功するためには幸福感を感じることが大事なのですね？

米国ハーバード大学の研究のよると、次のような結果が報告されています。

・「幸福感の高い社員の生産性は、平均31％上がる」
・「幸福感の高い社員の売上は、平均37％上がる」
・「幸福感の高い社員の創造性は、そうでない人の3倍高い」

この研究結果からも「幸福感を高めると成功する確率も高まる」ことが実証されています。

——研究結果からも幸福感を高めることが重要だとわかりますね。

さらにハーバード大学の研究では次のような報告もされています。

『仕事で成功する最も良い方法は一生懸命頑張ることではなく、幸福な気持ちに満ちて仕事をすることである。成功のために幸せを犠牲にすればするほど、成功から遠ざかってしまう』

――幸せを求めずに成功を求めれば求めるほど成功は遠ざかっていくのですね。

「手に入れることを成功とし、それによって幸福になれる」と考える限り幸福はありません。

どれだけ獲得しても人は幸せにはなれません。

――それはなぜですか？

獲得することはカルマとなります。

「獲得しよう」「成功したい」という欲望がカルマをつくるのです。

カルマの多い人は、何をやっても幸せを感じないものです。

徳分が多い人は、幸せを感じることが多いのです。

「幸福な人＝徳分が多い人」

「不幸な人＝カルマが多い人」

幸福感を感じる人は徳分が多いから幸せと感じるのです。

このことからも幸福感を感じる人に財運が到来する理由がわかるでしょう。


——どうすれば幸福感が高くなりますか？


獲得すれば苦悩が生まれる。

与えれば幸福が生まれる。

獲得するのではなく、与えることで人は幸福感が高くなります。

自分のためではなく、「人のため」「社会のため」そう考える人が幸福になれる。

そして幸福感（充実感）の高い人が成功する確率が高くなる。

幸福は成功の結果ではありません。あなたが人々に与えた結果が幸福なのです。

与えれば与えるほど人は幸福になります。


——獲得するのではなく、与えることが幸福へと繋がるのですね。

ただし、感謝を知らない人に与えても幸福にはなれません。ただ奪われるだけ。
感謝を知らない人には与える必要はありません。
互いの成長に繋がらないからです。しかし自分のカルマ解消にはなります。
分かち合うことで幸福は生まれるのです。
幸福感は〝与えることと感謝すること〟から生まれます。
自分が与えたならば相手も感謝する。
自分が与えてもらったならば相手に感謝する。
感謝する心がなければいけません。
つまり感謝がないところには幸福感も生まれないということです。
しかし感謝を期待することは間違いになります。

――幸福になるには与えることと感謝することが大事なのですね。

幸福とは手に入れることではありません。
手に入れたものを人に与えることによって幸福は生まれるのです。

与えることは徳分となり、徳分が多ければ幸福な人生を生きることができる。

カルマが多ければ不幸な人生を生きることになる。

それがダルマにもとづく『カルマと徳分の法則』です。


——幸福を手に入れようとしてはいけないのですね。


カルマも徳分も、不運も幸運も、あなたの心の意志と行為の下で動くのです。

成功も失敗も、お金持ちになるのも貧しくなるのも、すべて自分の心がつくり出しているのです。

成功を望むのではありません。成長を望むのです。

人は与えることで精神的に成長できます。

人間性が成長することで、人は幸福になれます。


——成功を求めるのではなく、成長を求めるのですね。


幸福な気持ちで仕事をすれば、成功が加速します。

人生が幸福でない人は、どれだけ仕事で成功しても人生では失敗します。

幸福感の高い人のところに財は集まります。
しかし得た財を与えることをしなければ幸福は続きません。
——経済的に成功しても、与えることをしなければ不幸な人生になるのですね。
自分が手に入れたものを与えることで、人は幸福になります。
与えるためにお金持ちになる。
お金持ちになって与えることで、多くの人々、社会全体が豊かになる。
幸福な社会をつくるために、多くを与えられる人を経済活動によって生み出すのが、
ブッダの経済学なのです。

A.『成功とは獲得することではない。成功を望むのではなく成長を望むこと。与えることで人間性が成長し幸福感が生まれ、幸福感が高ければビジネスも成功し、人生も成功する』

ビジネスで大事なのは立派な肩書より人間性
人間性が高い人はビジネス運も良くなる

Q. 世間ではよく「人格者」といいますが、世間一般でいう「立派な人」とは違うのですか？ ビジネスでも人格者であることは必要でしょうか？

「立派な人」というと頭に浮かぶのは、「成功者」と呼ばれる人のことではないでしょうか。

ビジネスで成功して大企業の社長になった人、大金持ちになって立派な大邸宅に住んでいる人、あるいは世間でいう〝立派な仕事〟をしている人。

そういった人たちのことが真っ先に頭に浮かんだ人も多いでしょう。

――確かに〝立派〟というとそういうイメージが浮かんできます。

しかし、これらの人たちはダルマでいう〝立派な人〟とは限りません。

ダルマでいう〝立派な人〟とは、わかりやすくいうと「正しいことができる人」。

いくらビジネスで成功しようが、大金持ちであろうが、正しいことができない人は立派な人ではありません。

ただしこの場合の〝正しい〟とは、人間基準（世間基準）ではなく、ダルマ基準にもとづいた〝正しい〟になります。

――もう少しわかりやすくいうとどういう人が立派な人なのでしょうか？

ひと言でいえば「徳分の多い人」。

一般的な表現で言えば「人徳のある人」。

お金持ちだからでもなく、地位や名誉が高い人でもなく、有名人だからでもなく、徳分が多い人徳のある人が「立派な人」。

この徳分が多い立派な人のことをダルマでは「人格者」といいます。

――徳分が多い人が人格者であり、立派な人なのですね？

このことを理解するために、一般社会でいう立派な立場の人たちは〝人格者か？〟ということを考えてみましょう。

たとえばわかりやすい例でいうと、大学の先生は人格者か？

その先生たちの上に立つ大学の学長は人格者なのか？

肩書からすれば、学校の先生というのは立派な人で「人格者」と見られることも多いでしょう。

しかしその実態は違います。たびたび大学の学長や先生が起こした事件が報じられることがあるように、先生だからといって人格者であるとは限りません。

国民の上に立ち政治のトップの地位にいる総理大臣や大臣という人たちが人格者かといえば、必ずしもそうではありません。

大きな会社の社長だからといって人格者かというと、そうではない人もいます。

つまり「立派な肩書の人＝人格者」ではないということです。

――立派な肩書と人格とは別だということですね。

「どこどこの会社の社長だから立派な人だ」

これは勘違い。

仏教ではこれを「アウィッチャー（勘違い）」といいます。

肩書から入ると間違います。

本人がどういう人なのか。その人の肩書ではなく〝本質〟を見ることが大事です。

『肩書を見るな、本人を見よ』

これはビジネスにも通じますが、「肩書で人を絶対に見るな」というのが、ダルマの教えです。

――〝肩書に騙されるな〟ということですね。

しかし一般的には、立派な肩書のある人が人格者であり、信用できる立派な人だと思われることが多いものです。

親は子供を「立派な肩書のある人間にしたい」と思って、何とか偏差値の高い学校に行かせようとする。

しかし偏差値の高い学校に行って、立派な肩書を持ったとしても、それで人格者として素晴らしい生き方ができるかというと決してそうではありません。

——とはいえ今の時代は学力、学歴といったものがビジネスや仕事にも影響を及ぼしているように思えます。

知能が高ければ立派な人格者になれるとは限りません。

むしろ頭が良いばかりに、ずる賢くなってしまう場合もある。

ビジネスするうえで、ずる賢い人間は最悪です。

そういった相手に詐欺的な話を持ちかけられて騙されてしまうケースもあります。

——確かに詐欺師などはその典型ですよね。

これからの時代は頭の良さ（ＩＱ）よりも、心の知能指数（ＥＱ）が重要です。

ＥＱ値とは心の状態を表しています。

ＥＱが高いとは、心の知能指数が高いということです。

ＥＱ値が高い人は共感力が高いので、人に協力したり、勇気づけたり、元気づけたり、ＧＩＶＥする能力が高いのです。

人との共感力は、これからの時代に成功するために必要な能力。

これはビジネスで成功するうえでも非常に大事な要素になります。


――なぜ大事な要素なのですか？


アメリカの研究では『ＩＱによる成功は3～20％にすぎない』という報告があります。

つまり人生の成功の80％はＩＱ（頭）ではなく、ＥＱ（心）による成功といってもいいでしょう。


――それほどＥＱは成功するために重要なのですね。

これからの時代、学力だけの成功はほぼ不可能です。

その証拠に海外のトップ企業のほとんどがＥＱを鍛えるトレーニングを導入しています。

――ＥＱを鍛えるとビジネスにとってどのようなメリットがあるのですか？

ＥＱは運命の分岐点で成功する力になります。

ＥＱを鍛えることで、答えを自分で見つけ出すことができるようになり、その能力が開運力となります。

ＥＱつまり心の状態を高め、心をきれいにすることが、正しい判断、正しい選択を導き出す開運力となるのです。

――ＥＱ値が高くなることでビジネスにも良い影響があるのですね。

ＥＱ値が高い人は、人間関係が良いものです。

人と良い関係をつくれることで、ビジネスに必要な〝人を巻き込む力〟に繋がります。

良い仲間、良いコミュニティを得ることで、それが経営資源になっていく。

ビジネスにおいて困難な状況が生じても、人を巻き込む力があれば、それが困難を突破する力となる。

個人の能力や才能だけではどうしようもない問題やトラブルも、人脈があれば協力を得て解決するケースも多いものです。

それはその人の人徳であり、徳分が多いということ。

人徳がある人間性が高い人（人格者）はビジネス運も良いということです。

――**「人と良い関係を築く能力＝ビジネスにおける突破力」になるのですね。**

逆にＩＱが高くて頭は良いけど、ＥＱが低くて人間性の低い人はどうでしょう。

ビジネスでも平気で大風呂敷を広げて嘘を言って契約を取ったり、相手を騙すような詐欺的な商売もいとわない。

こういう人は一時的には上手くいっても、結局は信用を失います。

信用のない人と仕事をやりますか？やれませんよね。

これは正しくないことをした結果が自分に返ってきたということ。

――まさに因果応報、自業自得ですね。ビジネスマンにとってもダルマに則った生き方が大事なのですね。

人間関係が良いことはビジネスにおいては非常に重要です。

人に協力している、つまり与えている、ＧＩＶＥする人は人間関係が良い。

獲得ばかりしている人は人間関係が悪い。

与えるものは徳分となる。

与えないものはカルマとなり上手くいかない。

ただし無差別に誰にでも与える、ＧＩＶＥすることは良いとは限りません。

――どのような相手に与えることが良くないのですか？

たとえば感謝を知らない人、恩を知らない人、人の親切を悪用する人、悪いことに手を貸す人。

こういった人とは縁を切ることです。

『悪友とは縁を切れ』

ブッダはそう言っています。

だからこのような人たちには与えてはいけない。

――それだけ人間関係が大事だということですね。

これからますます政治的にも経済的にも困難な激動の時代がやって来ます。

そうした時代にあって、人との繋がりが最も大事になります。

相手と良い関係を築く、信頼関係をつくるためには、正しいことをして徳を積み、人間性の高い〝人格者〟になること。

ＥＱの高い、人と上手くやれる能力が、これからの時代のビジネスマンにとって非常に重要なのです。

――人間性の高い人格者になることがこれからの時代は必要なのですね。

一般のビジネスマンはもちろんですが、経営者などの影響力のある人たちこそ、人徳のある人格者であることが、これからの時代は求められています。

そして人徳のある人格者が経済、社会の中心となることで、経済成長と共に誰もが幸福感を感じられる豊かな社会になっていく。

それがブッダが目指す幸福経済であり、ダルマにもとづく徳分経済なのです。

A.『ＩＱよりＥＱ。肩書より本質。徳分の多い人格者がビジネスでも成功する。経営者こそ人徳がある人格者でなければならない。それがブッダが目指す徳分経済の社会をつくる』

おわりに
～ブッダが目指す「人間が成長する経済社会」～

心が成長すればするほど経済的にも豊かになっていくのが正しい経済

現在私たちは経済的にも社会的にも大激動の時代に生きています。

本書でもご説明したように、風水暦で見ると２０２４年からは「第九運期（～２０４３年）」という大きな経済の動きの中で最後の周期に入っています。

さらにダルマによる経済周期でも、２０２４年は未来の変わり目となる〝空〟なる年。

私たちは２０２４年から、ますます不透明で不確実な時代に生きているのです。

激動の時代だからこそ、生きるための軸を持っていないといけません。仕事やビジネスをするうえでも、自分自身がしっかりと地に足をつけた生き方をする。

こうした混迷の時代を生きる私たちを正しい方向へと導く生きるための指針、判断の軸となるのが、ブッダの教える真理「ダルマ」です。

現代は国も社会も経済成長ばかり求めています。その結果、精神性は上がったのか、人々の幸福感は上がったのかといえば、むしろ退化しているのが現実です。

経済成長すればするほど殺人や強盗、詐欺といった犯罪が増えている。経済成長すること自体が結局〝奪い合う〟ことに繋がっています。このまま経済最優先の道を歩んでいては、いずれ人間の精神を滅ぼしてしまうことになります。

現在の金融資本主義経済の下では、経済的成長と精神的成長は相反しています。

本来は経済的成長と精神的な人間の成長は比例しないといけない。

社会が発展すると同時に心も成長する。心が成長することで社会は発展していく。

これが本来の正しい経済の在り方です。

お金を持っているのが立派な人、地位名誉、権力のある人が立派な人だという考え方は間違いです。多くを与えられる人が立派な人であり人徳のある人格者。

経済を使って徳分を積む。

人間力を上げることと経済力を上げることは、等しく比例するようになる必要がある。

心が成長すればするほど経済的にも豊かになっていくというのが、ダルマにもとづく正しい経済。

そうした経済を我々は目指さないといけません。

今の経済がつくっているのは不幸であり続ける社会

ほとんどの国が「経済力があれば幸せになれる」という理念のもとに経済活動しているにもかかわらず、経済成長一辺倒が自然を破壊し、住みづらい社会をつくり出しています。経済発展が人の助けになるどころか、便利にはなったけれども経済的に苦しい状況を生み出し、精神的に貧乏になっている。

経済成長、経済発展すればするほど欲望が増えていく。

欲望が増えていけばいくほど人の心が滅んでいく。

欲望や煩悩を刺激して経済発展や成長することで、人は心と魂を失っていく。

それが現在の経済社会が向かっている未来の方向性です。

金融資本主義経済とは〝儲かればいい〟〝より多くのお金を持っている者が成功者〟という経済。

いわばそれは〝獲得する経済〟〝奪う経済〟。

より多くを奪うことで成功するのが現在の世の中であるならば、社会は悪くなる一方です。本来であれば、経済が発展成長することで人間も発展成長しなければいけないのに、現在はその逆になっています。

ブッダが目指す経済は人々が成長していく経済です。

そのためには〝奪う経済〟から〝与える経済〟に変わらなければいけません。

つまりＧＩＶＥする経済、与えることで豊かになっていく社会。

これからは人々が助け合う、支え合うような経済社会をつくる必要性があります。

心が崩壊していくような経済社会は、どこにも幸せなどありません。

お金のために臓器売買まで行っている現実。

果たしてそれが人類の未来を明るくするのでしょうか。

金融経済が発展したことで精神が崩壊した国に本当に住みたいのでしょうか。

ただ欲望が満たされたときに嬉しいと思うだけ。欲望が満たされなければ不幸と感じる。今の経済は不幸であり続ける社会をつくっています。

ここで経済を変えない限り、人の幸福感も生まれません。

苦しみしかない社会になってしまいます。

〝与え合う経済〟こそ正しい経済

幸せな未来へと変えていくためにも、現在の金融資本主義からブッダの目指す幸福経済へと変えていかないといけません。

〝獲得する経済〟から〝与え合う経済〟へと成長しなければいけない。

世界に目を向ければ、欧米においても最近では〝脱資本主義〟へと向かうムーブメントが起こりつつあります。

それはまさに東洋に回帰する、ブッダに回帰する経済に向かっているということ。

「成功すれば幸福になれる」と西洋の哲学は教えてきました。

しかしその考えは間違いです。

西洋哲学が教える成功とは、「どれだけ多く獲得するか」ということ。

しかし、どれだけ獲得しても人は幸せにはなれません。

幸福を求めれば求めるほど、不幸であり続けなければならない。

幸福を求めるのではなく充実を求めよ。

幸福感の高い人、つまり充実感の高い人が成功する確率がアップし、より成功に近づく。

これがブッダの成功哲学の考え方。

人間の根本的な幸福というものは経済に関係しています。

今の経済は欲望経済なので、繁栄すればするほど人を不幸にしていく。

だからその根本である経済を変えないと幸せにはなりません。

明るい未来はやって来ない。苦しみが延々と続くだけ。

経済最優先の考え方は国家を滅ぼす。国民を滅ぼす。

今の経済を見ればわかるように、お金持ちだけが裕福になる一方で、ほとんどの人が貧乏になる経済。

果たしてそれは国民や社会にとって良い経済といえるのでしょうか。

そろそろこのあたりで私たちは気づかないといけない。

今の経済発展の仕方、今の経済の仕組み、それはお金持ちのための仕組みであって万民のためのものではないということに。

本来の経済は「経世済民」を略したものです。

つまり世の中が平和に治まって民衆が助かっていくような経済。

そんな経済社会が今までに一度でもあったのでしょうか。

そのような経世済民の世の中をつくるためには、ブッダの経済学が必要です。

与えるものが豊かになるように、根本から仕組みを変えないといけない。

「お金持ちだから立派な人間だ」という価値観から変えなければならない。

「お金儲けしてたくさん資産を持ってる人が立派な人」という価値観はもう終わりにしなければいけない。

これからは「たくさん与えている人が立派な人」だという価値観に変えていく必要があります。多くを与えた人たちがその信用や信頼によって豊かになるのが正しい。

徳分の大きい人が豊かになるのが正しい経済。〝与え合う経済〟こそ正しい経済。

それがダルマにもとづく幸福経済であり、ブッダが目指す徳分経済。

幸福な社会をつくるためには、ブッダの経済理念にもとづく経済圏〝ブッダフィールド〟をつくらなければいけません。ブッダの経済圏が世界経済の中心になっていくことがダルマに沿った幸福な世界を築くことになります。

本書でダルマを学び、ブッダの経済学を実践することで、誰もがこれからの人生をより良い方向に導くことができます。

正しい行為を行うことで未来が変わり、充実した生き方ができるようになります。

自分の未来を変えるためにダルマを学んでください。

ブッダの経済学を軸に、仕事やビジネスに取り組んでください。

ブッダの経済学を学び実践することで、ビジネスや仕事を成功に導き、明るい未来が開けるのです。

人間が成長することでしか明るい未来はやって来ません。

ダルマの学びに終わりはありません。

これからも続く人生の中で、ダルマを学び続けてください。

それがあなたの人生をより良いものにしていくのです。

松永修岳　プロフィール

「運」と「経済」の成長戦略コンサルタント。

大学卒業後、高野山に入り修行。その後、犬鳴山七宝瀧寺にて山伏の修行に入る。1984年真言宗総本山醍醐寺伝法学院に入門し得度。

真言密教四度加行、修験道七壇法加行を修行。その後、真言密教荒行焼八千枚護摩供を満行。天台密教荒行焼十万枚護摩供を満行後、究極の荒行といわれる千日回峰行で開眼。大行満大阿闍梨。

以後、最新の脳科学、心理学、東洋医学などについて研鑽を重ねる。運命学と科学を融合させた独自の開運理論体系「ラックマネージメント®」とダルマを軸にした究極の成功哲学を確立し上場企業の経営者、国会議員、一流のアスリート達を数多く指導。現在、タイ国 師アチャンの指導のもと、洞窟の内と野外での物質化現象を行っている。

（株）エンライトメントハート・コーポレーション 会長。一般社団法人日本建築医学協会 理事長。一般社団法人国際風水科学協会理事長。

主な著書に、『空海の財運術』（サンマーク出版）、『心訳 空海の言葉』（角川マガジンズ）、『運の管理学』（河出書房新社）、『運に好かれる人、見放される人』（ダイヤモンド社）、『建築医学入門』（一光社）など多数。

「運」と「経済」の成長戦略コンサルティングサービスについて

松永修岳代表が直接指導する運と経済のコンサルティングサービスを行っています（毎月、面談又はオンライン）。会社の成長戦略アドバイス、新入社員の人選、ビジネスマッチング、建築医学にもとづいたオフィス設計など経営全般に関することから家族や人間関係の相談までお応えします。

風水住宅・オフィス・企画のプランニングについて

新築住宅、オフィスの風水企画、及び風水リフォーム。ご自宅、オフィスの風水鑑定、風水調整を行っています。お気軽にお問い合わせください。

お問い合わせ先

（株）エンライトメントハート・コーポレーション
ラックマネージメント・フォーラム事務局
東京都港区虎ノ門3-6-1 ナイジェリア大使館ビル3F
TEL：03-5408-1100
mail：lm-otoiawase@luckmanagement.jp

釈尊阿遮羅寺院　バラミータム伝法学院
ハートジェネシス事務局
岐阜県養老郡養老町養老1241-52
TEL：0584-34-1080
mail：goma@kukaimikkyo.jp

松永修岳著　既刊紹介

ブッダ究極の成功哲学

—君は「ダルマ」を知らずに生きるのか—

〔はじめに〕 なぜ今、ダルマなのか？

★第１章　良く生きるための法則「ダルマとは何か」

◆コラム①「ブッダとは」

★第２章　ブッダの成功哲学「カルマと徳分の法則」

◆コラム②「瞑想は薬」

★第３章　輪廻転生～生まれ変わり、死に変わり～

◆コラム③「神々の世界と人間の世界」

★第４章　ブッダの叡智～自分の行為は未来に受け取る～

◆コラム④「JIT生命体を鍛えれば最高の人生を生きられる」

★第５章　後悔しない充実した人生にするために

〔おわりに〕 より良い人生に自分を導くために本質を知る

松永修岳著　既刊紹介

ブッダ究極の成功哲学Ⅱ

—君は「ダルマ」を知らずに生きるのか—

ブッダ
究極の
成功哲学Ⅱ
君は「ダルマ」を知らずに生きるのか
松永修岳著
思考を変えれば
未来が変わる
成功=ダルマ+実力
ビジネスエリート
必携!

〔はじめに〕 ブッダの教え「ダルマ」とは？

★第1章　ダルマが教える真理

◆コラム①「解脱の4段階」

★第2章　人を苦しめる「六大煩悩」

◆コラム②「年回忌法要はなぜ行うのか」

★第3章　“見えない世界”を認識する力

◆コラム③「マントラとは何か？」

★第4章　脳力を高めるブッダの瞑想

◆コラム④「ビジネスを成功に導く瞑想」

★第5章　人々を幸福にするブッダの徳分経済

〔おわりに〕 ダルマを学び続けるということ

YouTubeから動画をご視聴いただけます

●天の扉開きプジャ

●仏法講座

●満月護摩

●エグゼクティブセミナー

ラックマネージメント・フォーラム事務局

●仏法講座

毎月1回開催（岐阜県養老、又は東京都虎ノ門）
※オンラインでもご参加いただけます

●ダルマトーク

毎月1回開催（東京都虎ノ門）
質疑応答形式でダルマの叡智を学べます

●瞑想講座

毎月1回開催（岐阜県養老）
※オンラインでもご参加いただけます

●エグゼクティブセミナー

運について学びたい方（有料会員制）
毎月1回開催（東京都虎ノ門）
※オンラインでもご参加いただけます

●風水鑑定士&カウンセラー養成講座

月1回/全5回講座（東京都虎ノ門）
※オンラインでもご参加いただけます

釈尊阿遮羅寺院 バラミータム伝法学院
ハートジェネシス事務局

●プジャーリー養成講座

天の扉開きの物質化現象ができるようになる司祭になりたい方

●阿闍梨養成講座

阿闍梨となり護摩奉修ができるようになりたい方

●満月護摩

満月護摩は、満月の日に祈ることで潜在脳力が開発され、
運命を強くし自分の可能性を最大限に高めることができる
東洋の成功術

一般社団法人 日本建築医学協会

●建築医学講演会＆シンポジウム

環境情報学について学びたい方
年数回の講演会とシンポジウムを開催
※オンラインでもご参加いただけます

一般社団法人 国際風水科学協会

●風水・建築医学アカデミー

風水や建築医学について学びたい方
毎月1回開催（東京都虎ノ門）
※オンラインでもご参加いただけます

ブッダ究極の経済学

―「奪う経済」から「与える経済」へ―

松永修岳 著

2025年1月24日　初版発行

発行者　磐﨑文彰
発行所　株式会社かざひの文庫
〒110-0002　東京都台東区上野桜木2-16-21
電話／FAX：03（6322）3231
e-mail：company@kazahinobunko.com
http://www.kazahinobunko.com

発売元　太陽出版
〒113-0033　東京都文京区本郷3-43-8-101
電話：03（3814）0471　FAX：03（3814）2366
e-mail：info@taiyoshuppan.net
http://www.taiyoshuppan.net

印刷・製本　モリモト印刷

編集　21世紀BOX
装丁　仙次
DTP　KM-Factory

ISBN978-4-86723-186-9